ЭКСПРЕСС-ПРАКТИКУМ

Джудит Норман

ЧТЕНИЕ СНОВИДЕНИЙ

Полный курс в 8 уроках

Санкт-Петербург
Издательство «Вектор»
2013

УДК 291.32
ББК 86.41
Н83

Защиту интеллектуальной собственности и прав
ООО «Издательство „Вектор"» осуществляет
юридическая компания «Усков и Партнеры»

Н83 Норман Дж.
Чтение сновидений. Полный курс в 8 уроках. [Текст]. —
СПб.: Вектор, 2013. — 128 с. — (Экспресс-практикум).
ISBN 978-5-9684-1923-1

Сновидения — оборотная сторона жизни. Но собственное
подсознание скрывает от нас не только смысл, но и само содержание снов. Проснувшись утром, мы осознаем, что произошло нечто важное, предчувствуем открывающееся знание, или ощущаем
предупреждение, но не можем понять своих чувств.

Как создать полную карту сновидений с их классификацией
и причинно-следственными связями вы узнаете из новой книги
Джудит Норман.

Это не теория это практические ответы на самые распространенные вопросы.

— Как запоминать сюжеты и картины приснившегося?
— Где находить ответы на смысловые загадки сновидений?
— Откуда брать ключи для их расшифровки?
— К кому приходят и у кого сбываются вещие сны?

Книга рекомендована для читателей старше 16 лет.

УДК 291.32
ББК 86.41

ISBN 978-5-9684-1923-1

СОДЕРЖАНИЕ

ВВЕДЕНИЕ
(ИЛИ ЖЕ УРОК ПЕРВЫЙ)

Мой великий бог, пребудь со мной,
Мой покровитель, внемли мне,
Бог Ману, владыка моих снов,
Ниспошли мне благоприятное видение.

Надпись
на древнеассирийской табличке

Каждый вечер, укладываясь в постель, я предвкушаю свой сон. Я жду его, как иные ждут прихода любовника, как мать — ушедшего из дома ребенка, как страждущий — когда ему подадут кубок воды. Ибо он дарует мне покой, понимание и... знание. То, что невозможно найти во всех тех учебниках, которые теперь пылятся на моих полках. Но сначала нужно заснуть. И я жду, когда Гипнос капнет мне в глаза сонным напитком из своего кувшина. Юный бог сновидений, сын Ночи-Никты, он бредет по широкому маковому полю небольшого греческого острова в вечных сумерках уходящего дня. Он тих, добр и благосклонен к нам, простым людям, в отличие от своего брата Танатоса даруя отдых, а не смерть.

Ведь без него, биологического отдыха, все мы обречены на муки и умирание, порою достаточно быстрое. В древних манускриптах говорится о казни бессонницей: обреченный на нее человек умирает за 18—20 дней. Но Гипнос аккуратен и педантичен — сколько бы мы ни крепились и ни отстраняли его от себя упрямой человеческой волей, условиями научных экспериментов и особыми обстоятельствами, через четыре-пять дней любой падет перед его силой. Солдат на утомительном марше засыпает на ходу, полярный исследователь продолжает пробиваться к полюсу, но уже во сне... Благодаря подарку юного греческого бога, мы восстанавливаем силы, готовясь к трудностям нового дня. Ведь во время сна отдыхают не только измученные мышцы, но и нервная система, мозг — все то, на что опирается наша anima, то есть душа, дух. Во сне мы полностью погружаемся в свой внутренний мир, запирая входные двери, и позволяя себе наконец немного побыть наедине с собой.

Сон — это состояние, в котором я ничего не хочу знать о внешнем мире, мой интерес к нему угасает. Я погружаюсь в сон, отходя от внешнего мира, задерживая его раздражения... Наше отношение к миру, в который мы так неохотно пришли, кажется, несет с собой то, что мы не можем выносить непрерывно. Поэтому мы время от времени возвращаемся в состояние, в котором находились до появления на свет, то есть во внутриутробное существование. Мы создаем аналогичные условия, которые были тогда: темно, тепло и ничто не раздражает.

З. Фрейд

Но Гипнос в родстве не только с матерью Ночью и пугающим Танатосом, у него есть и сестры — три богини судьбы. Лахесис выбирает ваш жребий еще до рождения, закладывая в вас те или иные черты характера, Клото неутомимо тянет нить вашей судьбы, то наматывая ее на веретено, то завязывая узлами, Атропос щелкает ножницами, когда придет срок.

8

По-родственному Гипнос вхож в их дом: он видит, как спрядается в тонкую пряжу кудель, и порой догадывается, когда младшая соберется занести свою руку над тянущейся ниткой. И иногда, о, очень иногда, ему хочется предупредить нас, подсказать, что еще немного, и наша жизнь затянется в узел. Тогда он посылает нам сны из своего божественного далека. Но он уже давно не жил среди людей, а потому сны его — это сны бога, яркие, непредсказуемые и нелогичные. Но что ему логика? Он, конечно, наблюдал за тем, как падали стены Трои, а Помпею засыпало смертельным пеплом, но он также видел и то, что необъяснимо с позиции здравого смысла, — Зевса, превращающегося в лебедя или проливающегося золотым дождем на постель Данаи, Афину Палладу, раскалывающую копьем голову отцу-громовержцу, или Нарцисса, переплавляющего свою красоту в прекрасный цветок. Поэтому его язык — это язык многозначных символов и образов, ярких красок, сплетающихся в тонкую ткань бытия, язык наших ожиданий и опасений, язык наших эмоций и страстей, приправленных малой толикой воспоминаний.

Чтобы понять его, необходимо отбросить в сторону все те логические категории, которыми мы привыкли оперировать в процессе бодрствования, отказаться от зазнайки разума и поймать за кончик тайную нить свободных ассоциаций и научиться разматывать их до конца. (Я, кажется, уже говорила, что в родне у Гипноса есть три опытные пряхи?) Если мы научимся это делать, то перед нами откроется бездна древнего знания, знания, которое «и не снилось вашим мудрецам». Мы сумеем понять себя или (лучше сказать) осознать — до последней косточки, волоска, душевного движения — и, осознав, двинуться по единственной правильной дороге нашей жизни в этом саду разбегающихся тропок нашей реальности.

Кроме того — чем черт не шутит, — это знание можно, так сказать, использовать не только вовнутрь, как касторку, но и вовне, для того чтобы понимать предостережения и заранее обходить весь тот бурелом, которые предусмотрительные сестрички-мойры заботливо складируют на нашем пути. А иной раз помощью божества можно воспользоваться и для созидания, придав тому, что мы делаем — будь то периодическая таблица элементов, стихи или симфония — особый, надмировый смысл. Имейте в виду, что древние боги как дети, и большинство глупостей, подлостей и радостных деяний они совершают от банальной скуки. Заинтересуйте сновидение своим трудом, и, быть может, его хозяин не устоит перед соблазном поучаствовать в вашем предприятии.

Короче, как ни крути, получается так, что уметь истолковывать свои сновидения — чрезвычайно полезное занятие, но, увы, доступное лишь немногим. Ведь не считать же, в самом деле, сонник серьезным подспорьем в этом деле? Если вы думаете обратное, то попробуйте разгадать особенно заковыристый сон с помощью какого-нибудь Мартына Задеки. Скорее всего, у вас ничего не получится, а если получится, то выйдет феерическая глупость вроде: «Каждое утро старый козел выводил своего отца на широкий берег реки».

Нет, я не шучу — именно так один глупый мальчишка, полностью выучив англо-русский словарь, но почему-то позабывший о грамматических правилах, перевел предложение на школьном экзамене по английскому. Это я к чему? Это я к тому, что наше сновидение подобно сложной заковыристой фразе на иностранном языке, а сонник — словарю, не учитывающему все возможности словоупотребления, да еще и невесть кем составленному. Его невозможно перевести на общеупотребительный язык, зная только значение отдельных слов, нужно понимать и правила, по которым они сочетаются в высказывания. То есть осознавать замысел высказывания. Чтобы достичь этого, как и всего хорошего, нужны две подружки — сноровка и тренировка. Что касается первой, то я помогу зазвать ее в гости, объяснив несколько несложных правил, благодаря которым дело пойдет быстрее и веселее, только вам надо внимательно следить за моим рассказом. Со своей стороны, я тоже буду стараться выделять все самое основное, чтобы вам было сразу видно — вот, вот это самое главное! Что же до второй, то здесь я бессильна: только вы сами можете принять решение и начать тренироваться, ведь теория без практики — это как рецепт в поваренной книге: обеспечивает слюноотделение, но не насыщает. Или как у классика: «Можно сделать логический вывод какой угодно, но взять и застрелиться вследствие вывода — это, конечно, не всегда бывает». Мы, конечно, стреляться не будем, мы будем учиться расшифровывать сны. И вот вам, если хотите, первый урок и первые два правила, которые вытекают из всего вышесказанного:

ЗНАНИЕ БЕЗ ТРЕНИРОВКИ — ЭТО ПШИК. ЕСЛИ ХОТИТЕ ПРАВИЛЬНО ТОЛКОВАТЬ СНОВИДЕНИЯ, ПРАКТИКУЙТЕСЬ, ИБО, КАК ГОВАРИВАЛ РАБЛЕ, «КТО ОБЛАДАЕТ ТЕРПЕНИЕМ, МОЖЕТ ДОСТИЧЬ ВСЕГО».

И во-вторых, никогда не пробуйте воспользоваться готовыми решениями сонников. Это все равно, что пытаться открыть все замки одним ключом. Короче,

НЕ ИЩИТЕ ПАНАЦЕИ В СОННИКАХ. У КАЖДОГО СНОВИДЕНИЯ ОСОБЫЙ ЗАМОК, И ОТКРЫТЬ ЕГО МОЖНО ТОЛЬКО ПОДХОДЯЩИМ К НЕМУ КЛЮЧОМ. (ЧТО, КОНЕЧНО, НЕ ОТМЕНЯЕТ ВАЖНОСТИ ЗНАНИЯ ОСНОВ СЛЕСАРНОГО ДЕЛА.)

В ПОГОНЕ
ЗА СНОВИДЕНИЯМИ
(ИЛИ УРОК ВТОРОЙ)

Когда дети заснут, Оле-Лукойе присаживается к ним на постель. Подмышками у него по зонтику: один с картинками — его он раскрывает над хорошими детьми, и тогда им всю ночь снятся волшебные сказки, другой совсем простой и гладкий — его он раскрывает над нехорошими детьми: ну, они и спят всю ночь как убитые, и поутру оказывается, что они ровно ничего не видали во сне.

Г. Х. Андерсен

Во снах я чаще всего птица. Я хищник, я сокол, и ветер поет в моих крыльях, как в тетиве лука. И чтобы подняться в небо, мне не нужно даже усилие, только желание. Мой дом, мое гнездо, мой оплот где-то в скалах, где свивают в спираль свои порывы дикие ветры. Ветер южный пахнет дождем, ветер западный — морем, зато северный — горячей кровью и льдом. И я всегда устремляюсь на север. Там хмурое небо давит на свинцовое море, а само оно волчьей пастью вгрызается в скалистый берег. Там, где-то там вонзается в каменистую землю гигантский ясень, по которому неутомимо скачет рыжая белка, и я знаю, что имя ей Рататоск. На вершине расправляет крылья огромный орел, у подножья свернулось кольцом змеиное тело, а олень щиплет молодую листву...

Это чудесный сон, но видеть я его стала не так уж давно. Можно сказать, что долгие годы я относилась к тем несчастным, что очень редко видят сны. Так, изредка, перед экзаменами, мне снилось, что я их проваливаю, да пару раз в своей жизни я спасалась бегством от демонических чудовищ. Нечто в этом духе, полагаю, снится и моему волкодаву, когда он во сне отчаянно перебирает лапами. Единственное наше отличие было в том, что я, кажется, не повизгиваю во сне. Все изменилось, когда я занялась гаданием на рунах и обзавелась своим комплектом Футарка. В моих снах, как вспышки, появились фрагменты связных сновидений — огромный ясень, рыжая белка, воткнутое в землю копье... Это было так удивительно и загадочно, что я решила разобраться со своими снами поподробнее и начала их записывать. Правда, первые мои записи были сумбурны: окончательно проснувшись утром, я с удивлением читала, например, «дерево» или «старуха». Непонятно, не правда ли? (Сонники, как я вас и предупреждала, скорее путали.) Даже странно, что я в конце концов что-то вынесла из этих записей. Теперь я знаю, как можно значительно повысить эффективность процесса, — для этого всего лишь надо воспользоваться методикой, разработанной Евой Хеллстрем.

Ева Хеллстрем — одна из самых знаменитых сновидец современности, основательница шведского психического общества. Видеть пророческие сны она начала в 50-е гг. XX в. Однажды ей приснилось, что она держит письмо из Гетеборга, полученное ее мужем. В нем говорилось о каком-то несчастном случае. Учитывая, что ее муж по профессии был инженером-строителем, занятым проектированием дамб, резонно было предположить, что несчастье случится с сооружением такого типа. А если принять во внимание, что отправлено оно было из Гетеборга, имелись все основание ждать несчастья именно там. И действительно, не прошло и двух недель, как на пригороды этого шведского города сошел гигантский оползень, разрушивший более тридцати домов, погубивший одного человека и ранивший более двадцати.

По мнению Евы, для того, чтобы начать видеть сны, нужно прежде всего разрешить себе видеть и запоминать их.

Начните с того, что тщательно подготовьтесь ко сну. Ваша задача состоит в том, чтобы сделать ваше засыпание и пробуждение легким. Для этого нужно поставить корабль вашего сновидения на якорь, чтобы его не относило вбок, да и вообще не мотало по сторонам. Что такое якорь? С точки зрения психологии — это такая удобная штука, которая позволяет зафиксировать в вашем подсознательном отдельные чувства и психологические реакции. Каждый раз, когда вам в вашей жизни нужно прибавить именно этих эмоций, вам всего лишь нужно потянуть за якорную цепь. То же самое и со сновидениями: проще всего они приходят к тем, кто придерживается определенных ритуалов.

Самый простой из них — ложиться и вставать в одно и то же время. Банально? Зато действенно: ваше тело привыкнет расслабляться точно к назначенному

15

времени, а ваша душа — отправляться в неизведанное странствие. Бывают и более замысловатые ритуалы. Уинстон Черчилль, великий английский политик и не менее великий любитель поспать, например, всегда ложился спать исключительно на свежие простыни. А если просыпался среди ночи, то перебирался на другую кровать с не менее чистыми простынями (в его спальне было второе спальное место исключительно для этой цели). Совершенно очевидно, что у английского лорда якорь был поставлен именно на свежее белье. Поскольку в наших реалиях для погружения в сновидения простынь не напасешься, а занимать место под вторую кровать и вовсе преступно, я предлагаю все же поставить якорь на время засыпания. Итак:

ОБЛЕГЧИТЕ ПРИХОД СНОВИДЕНИЙ ЛЕГКИМ ЗАСЫПАНИЕМ И ПРОБУЖДЕНИЕМ. ДЛЯ ЭТОГО ПРИУЧИТЕ СЕБЯ ЛОЖИТЬСЯ И ВСТАВАТЬ В ОДНО И ТО ЖЕ ВРЕМЯ.

Не менее важна и обстановка в спальне. Прежде всего при отходе ко сну вам должно быть комфортно. То есть нежарко, нехолодно, недушно, негромко. И чтобы клопы не кусали. Тут я, конечно, изволю насмешничать, но правда жизни состоит в том, что если вам будет неудобно, то это обязательно отразится на вашем сне и исказит картину сновидения. Вам будут сниться путаные, рваные, тяжелые сны, да и к тому же вы проснетесь с больной головой. Иначе говоря, если вам приснилось, что вас душили, проверьте сначала, не душитесь ли вы собственным одеялом.

При этом определить, что есть комфорт, можете только вы сами. Моя девяностолетняя бабушка даже в лютый холод спит с открытым окном, средневековые парижане перед сном раздевались догола, зато на голову водружали колпак, моя подруга не может спать в полной темноте, ей нужен ночник... Не полагайтесь на чужой авторитет, опирайтесь на собственные чувства. В этом смысле я радикальный противник всевозможных расслабляющих благовоний и медитативной музыки. Нет, я охотно верю, что на свете существуют люди, которым эти средства помогают легко погрузиться в сон, но у многих из нас тлеющее вонючее нечто вызовет только приступ сенной лихорадки. Ибо непривычно. Таким образом,

СОЗДАЙТЕ СОБСТВЕННОЕ КОМФОРТНОЕ ПРОСТРАНСТВО ДЛЯ СНА. НЕ ПОДДАВАЙТЕСЬ НА СТАДНОЕ ЧУВСТВО, ВЫБИРАЙТЕ ТО, ЧТО ПОДХОДИТ ИМЕННО ВАМ.

Наконец, дайте себе разрешение **запомнить** свой сон. Ведь именно его запоминание и составляет основную трудность. Как утверждает наука, сны видят все люди на свете, но вот запоминают их лишь немногие. Все дело тут во внутренней установке, запрете на запоминание сновидения.

Когда-то, в доисторическую эпоху, человечество жило в неразрывной связи с миром чудесного и таинственного. В картину мира человека того времени совершенно органично вписывались боги, культурные герои, паранормальные явления, низшие божества вроде духов озер и рек, встречи с умершими первопредками — в общем, все то, что мы сейчас считаем выдумкой и сказками. Постепенно, с развитием общественных отношений, производства и культуры, вся эта волшебная и удивительная благодать стала вытесняться логическим подходом, который предполагал, что все происходящее всегда и всюду можно объяснить какими-нибудь естественными причинами. А если что-то удивительное не поддается рациональному подходу, то об этом лучше и забыть. Да и вообще, удивляться недостойно взрослого человека, это удел ребенка-несмышленыша, не более того. Всякий же, кто склонен удивляться, просто ребячится.

Именно такое отношение с детства входит в нашу плоть и кровь вместе с наставлениями взрослых, отмахивающихся от детских фантазий и старательно развивающих у нас логическое мышление. Поскольку в детстве мы привыкли во всем слушаться старших, то мы изо всех сил пытаемся перестроиться на логическую волну. Удается это всем нам по-разному, но некоторые люди, видимо, наиболее одаренные логическим мышлением, справляются с этой задачей с особым блеском... и запрещают себе запоминать сновидения. Ведь в системе координат логического мышления иррациональные, непостижимые и порой вещие (!) сны — ошибка природы. Они алогичны, и точка. Думать о них не пристало серьезному человеку.

Теперь пришла пора запустить обратный процесс: снова позволить себе удивляться окружающему миру и воспринимать его целостно, то есть не выделяя логических ошибок, не расчленяя на отдельные фрагменты, короче, не разрывая ткань мироздания.

Но как это сделать практически? Я предлагаю вам простейшее упражнение перед отходом ко сну, лежа в кровати.

ПРЕДСТАВЬТЕ СЕБЕ, КАК ЭТО ХОРОШО, ВИДЕТЬ И ЗАПОМИНАТЬ СНЫ. ПРЕДСТАВЬТЕ, ЧТО ВЫ УЖЕ УМЕЕТЕ ЭТО ДЕЛАТЬ. ПОПРОБУЙТЕ НАЙТИ В СЕБЕ ВСЕ ТЕ ЧУВСТВА, КОТОРЫЕ ВЫ ОЩУТИТЕ, КОГДА СДЕЛАЕТЕ ЭТО. ВО ВСЕХ НЮАНСАХ И ДЕТАЛЯХ.

Удивление перед новым открытием. Радостное возбуждение, что вы его сделали. Расслабленность и спокойную уверенность в себе. Главное,

СТАРАЙТЕСЬ ИЗБЕГАТЬ СКЕПТИЧЕСКОГО ОТНОШЕНИЯ К ПРОЦЕССУ. НИ В КОЕМ СЛУЧАЕ НЕ ПОЗВОЛЯЙТЕ СЕБЕ ПОДТРУНИВАТЬ НАД СОБОЙ ИЛИ ПОСМЕИВАТЬСЯ. СЧИ-ТАЙТЕ СВОИ СНОВИДЕНИЯ И СВОЕ ПОВЕДЕНИЕ В НИХ ВАЖНЫМ ДЛЯ СЕБЯ, ТОГДА ВАМ БУДЕТ ПРОЩЕ ИХ ЗАПО-МИНАТЬ.

Не говорите себе нечто в этом духе: «Это будет весело, если я увижу сон, хи-хи-хи. Нет, я, конечно, не верю в эту глупость, но увидеть сон было бы забав-но». Нет, это будет не забавно, это будет замечательно, господа. А посему не стоит обижать бога сновидений. Боги мстительны, тем, кто ему не нравится, Гипнос посылает тяжелые, удручающие сны. Не допускай-те, чтобы Оле-Лукойе развернул перед вами скучный простой зонтик. Вы достойны зонтика с картинками, так сказать.

ДАЙТЕ СЕБЕ ПСИХОЛОГИЧЕСКУЮ УСТАНОВКУ НА УСПЕХ. НЕ-СКОЛЬКО РАЗ СКАЖИТЕ СЕБЕ СО ВСЕЙ УВЕРЕННОСТЬЮ: «СЕ-ГОДНЯ Я УВИЖУ ХОРОШИЙ СОН И ЗАПОМНЮ ЕГО». ПОСЛЕ ЭТОГО НЕ ПОЗВОЛЯЙТЕ ВАШИМ СОМНЕНИЯМ ОДЕРЖАТЬ ВЕРХ. ДУМАЙТЕ ТОЛЬКО О ПРИЯТНЫХ СОБЫТИЯХ И ОЩУ-ЩЕНИЯХ.

ЕСЛИ ВЫ ХОТИТЕ УВИДЕТЬ КАКОЙ-ТО ОПРЕДЕЛЕННЫЙ СОН, ТО ПОСТАРАЙТЕСЬ В ТЕЧЕНИЕ ДНЯ ДЕЙСТВОВАТЬ ТАК, КАК ЕГО ГЕРОИ.

ЦЕНИТЕ КАЖДЫЙ УВИДЕННЫЙ ВАМИ СОН, НЕ ОТКАЗЫВАЙ-ТЕСЬ ОТ ТОЛКОВАНИЯ СНОВИДЕНИЙ НА ТОМ ОСНОВАНИИ, ЧТО ОНО «ГЛУПОЕ». ВЕДЬ ВЫ НИКОГДА НЕ УЗНАЕТЕ, НА СА-МОМ ЛИ ДЕЛЕ ТАК, ПОКА НЕ ИСТОЛКУЕТЕ СВОЙ СОН.

А теперь, когда мы сделали все, чтобы призвать
к себе приятные сны и запомнить их, нужно побес-
покоиться о практической стороне вопроса, а именно
о фиксации увиденных сновидений. Для этого при-
готовьте все, что потребуется.

Я иногда во сне вижу дивные стихи, во сне они
более прекрасны. В наших снах все прекрасно, но
как уловить, что пишешь во время сна? Раз я раз-
будил жену и продекламировал ей стихи, которые
только что видел во сне...

А. С. Пушкин

Если у вас нет такой отзывчивой и понимающей
жены, готовой по вашему требованию проснуться и
запомнить все в деталях, следуйте нескольким не-
сложным правилам. Назовем их, например, «Памяткой сновидца». Таким образом, следующее наше правило будет звучать так:

ПРИ ЗАПИСИ СНОВИДЕНИЙ ПОЛЬЗУЙТЕСЬ «ПАМЯТКОЙ
СНОВИДЦА».

«Памятка сновидца»

1. Заведите себе отдельный блокнот для записи сновидений, удобный для работы, ведь вы все будете
   записывать спросонок.
2. Лучше всего запоминать сны, приснившиеся под
   утро. Они считаются наиболее информативны-
   ми. Если утром у вас не хватает на это времени,

то потренируйтесь на записях сновидений, приснившихся вам во время дневного сна.

3. Записывайте свои сны как можно скорее после пробуждения. Не уповайте на собственную память. Проблема в том, что сновидения склонны очень быстро улетучиваться из нее. И уже спустя пару часов вы будете помнить свой сон фрагментарно.

4. Прежде чем записывать сон лежа в постели, несколько раз прокрутите его в голове. Так вам будет проще «отметить» для себя все важные детали. Если вам сложно вспомнить свой сон, но вы твердо уверены, что вам что-то приснилось, вспомните эмоционально значимых для вас людей. Как ни странно, этот прием прекрасно освежает память любого сновидца. Не менее эффективный метод — подобрать позу сновидения. То есть если вам никак не вспомнить, что вам снилось, лежа на спине, перевернитесь на бок. Возможно, мускульная память подскажет вам события вашего сновидения.

5. При записи не ограничивайтесь короткими предложениями вроде «Видел дерево» или «На меня упал стол». Записывайте все как можно подробнее — иначе см. п. 3. Если вам приснились целостные высказывания, стихи, изречения или афоризмы, записывайте их в первую очередь. Они забываются быстрее всего, но в то же время чаще всего имеют пророческое значение.

6. Обязательно проставляйте число и время. Если ваш сон, паче чаяния, окажется пророческим, вы сможете доказать другим и, главное, себе, что вы ничего не выдумываете. Наблюдение за числами поможет вам понять, в какие периоды времени вы

чаще всего видите сны. В некоторых отношениях это может быть полезно.

7. Если вам неудобно записывать на бумаге, можно использовать для фиксации сновидений диктофон. Просто надиктуйте привидевшееся. Порою даже само построение фраз и интонации могут дать вам дополнительные ключи к разгадке.

8. Если вам трудно, вот так, с ходу сосредоточиться, составьте для себя примерный перечень вопросов, благодаря ответам на которые вы сможете выделить все основные моменты вашего сна. Например:

Это был цветной или черно-белый сон?

Имелись ли в нем, помимо зрительных образов, тактильные, слуховые, обонятельные?

Имел ли он ярко выраженный сюжет или был статичен, как застывшая картина?

Двигалось ли в вашем сне время или нет?

Был ли он реалистичным или носил алогичный характер?

Какие эмоции и чувства наполняли вас во сне? Они менялись или не зависели от происходящего во сне?

9. Если вам снится сюжетно выстроенный сон, расчленяйте его на тематические мотивы. Начните с описания места и времени действия.

Например, давайте посмотрим, как бы я могла записать свой «птичий» сон. Итак.

Место и время действия: птичье гнездо где-то в скалах, время — не установлено. Сон — цветной. Картина окружающего меня мира — реалистичная (скалы, гнездо). Я — основной субъект действия. Я — птица. Испытываю — радость и торжество.

Мотив № 1. Перелет через северное море и фьорды (?). Картина продолжает оставаться реалистичной, чувства все такие же радостные. Меня сопровождает запах моря, я чувствую мускульные усилия крыльев.

Мотив № 2. Прибытие на берег. Я продолжаю ощущать себя птицей. К чувству радости от полета прибавляется чувство, что я достигла своей цели. Картина перестает быть реалистичной — ясень и животные носят явно символический характер. В природе он не может быть таким огромным. Я почему-то знаю имя белки — Рататоск. И так почему-то и должно быть.

10. Особое внимание уделите деталям, которые по тем или иным причинам кажутся вам нелогичными, неправильными, удивляют вас. Определить их очень просто: перед тем как упомянуть их, вы обязательно скажете слово «почему-то».

«Почему-то» ясень очень большой, «почему-то» я птица, «почему-то» я знаю имя белки.

Постарайтесь отметить, как вы относитесь к этой детали — вызывает ли она у вас дискомфорт, страх, удивление? Или все так и должно быть?

11. Чтобы минимизировать потери времени, попробуйте заранее набросать себе нечто вроде таблички, в графы которой можно было бы вписывать все важные составляющие вашего сновидения. Создайте своего рода чистый бланк.

Вот, например, как выглядит бланк, которым пользуюсь я.

Дата: *(ставлю время и число)*				
Стихотворения, высказывания, связные фразы: *(записываю изречения, если они были)*				
Место и время действия во сне (экспозиция): *(описываю привидевшуюся мне картину, если сон был статичным, или начальное время и место действия, если сюжетным)*				
Цветной / Черно-белый?	Реалистичный / алогичный?	Звуки, запахи, ощущения?	Я чувствовала себя...	Время двигалось / было статичным?
(Ограничиваюсь галочками или пишу несколько поясняющих слов во всех графах)				
Мотив № 1. *(описываю следующий мотив-событие моего сна)*				
Цветной / Черно-белый?	Реалистичный / алогичный?	Звуки, запахи, ощущения?	Я чувствовала себя....	Время двигалось / было статичным
(Ограничиваюсь галочками или пишу несколько поясняющих слов во всех графах)				
Мотив № 2. *(описываю следующий мотив-событие моего сна)*				
Цветной / Черно-белый?	Реалистичный / алогичный?	Звуки, запахи, ощущения?	Я чувствовала себя....	Время двигалось / было статичным
(Ограничиваюсь галочками или пишу несколько поясняющих слов во всех графах)				

СМЫСЛЫ
БЕССМЫСЛЕННОГО
(ИЛИ УРОК ТРЕТИЙ)

> О благородный! Сколь устрашающие видения ни посещали бы тебя, осознай, что это всего лишь твои мыслеформы.
>
> *Тибетская книга мертвых*

Ясень моих снов могуч и крепок. Крона его зелена и огромна, а высовывающиеся из земли корни толщиной с мужскую руку. Самое главное — он меняется ото сна к сну. Чаще всего это мощное дерево, растущее в городском парке или лесу. Но иногда я вижу его горделиво вознесшимся над узким заливом, глубоко врезающимся в скалистый берег. Тогда у его подножия находится длинный деревянный дом, сложенный из бруса, с низко нависающей двускатной крышей, около которого пасется коза. В другой раз вместо старого дома у корней ясеня я вижу источник, бьющий из корней, и трех женщин у него. Они не молоды и не стары, и у них мое лицо. А иногда — и это пугает меня больше всего — мне кажется, что под корой древнего ясеня белеет человеческая кость. Тогда я слышу, как на вершине царственный орел полощет крыльями, а откуда издалека доносится конское ржание и звяканье конской упряжи...

Когда мне только начинал сниться мой сон, я была до чрезвычайности озадачена, и мне казалось очень трудной задачей его истолковать, ведь он был абсолютно нелогичным и видоизменялся от ночи к ночи. А истолковать его было просто необходимо: даже в самом глупом и примитивном соннике обязательно указано, что повторяющиеся сны самые важные, так что правильно их интерпретировать было для меня жизненной необходимостью. Вдруг этот сон предупреждает меня о каком-то определяющем событии в моей жизни или, наоборот, пророчит беду?

НЕОБХОДИМО СЕРЬЕЗНО ОТНОСИТЬСЯ К ПОВТОРЯЮЩИМСЯ СНАМ — ОНИ МОГУТ ПРЕДУПРЕЖДАТЬ ВАС ЛИБО О КАКИХ-ТО ВАЖНЫХ ПРОЦЕССАХ, ПРОИСХОДЯЩИХ В ВАШЕМ ПОДСОЗНАНИИ, ИЛИ О ГРЯДУЩИХ СОБЫТИЯХ, КОТОРЫЕ МОГУТ ИЗМЕНИТЬ ВАШУ ЖИЗНЬ. ОСОБЕННО ВНИМАТЕЛЬНО НУЖНО ОТНОСИТЬСЯ К ПОВТОРЯЮЩИМСЯ СНАМ, КОТОРЫЕ ВИДОИЗМЕНЯЮТСЯ ОТ СНОВИДЕНИЯ К СНОВИДЕНИЮ. ТЩАТЕЛЬНО ФИКСИРУЙТЕ ВСЕ ПОЯВЛЯЮЩИЕСЯ ИЗМЕНЕНИЯ.

Для начала я, как уже советовала вам, тщательно записала свои сны. Как я и говорила, тогда у меня еще не было такого замечательного «бланка» для заполнения сновидениями и алгоритма записи, так что это были скорее обгрызенные листочки, исписанные каракулями, но когда я разложила их подряд на столе, я все равно сумела заметить определенные закономерности.

ЕСЛИ ВЫ ИМЕЕТЕ ДЕЛО С ПОВТОРЯЮЩИМИСЯ СНАМИ, ВЫЛОЖИТЕ ЗАПИСИ О НИХ В ХРОНОЛОГИЧЕСКОМ ПОРЯДКЕ, ВОЗМОЖНО, ВЫ СРАЗУ УВИДИТЕ ИНТЕРЕСНЫЕ ЗАКОНОМЕРНОСТИ.

Прежде всего, даты. Совершенно случайно у меня на стене висел календарь, подаренный знакомыми бабушками — любительницами огородной жизни, с отмеченными лунными циклами (у них там лук и редис надо сеять на растущую луну, ага). Так вот, все особенно жуткие сны с участием ясеня снились мне в дни полнолуния, а тот самый, с человеческой костью, приснился мне аккурат в конце октября и тоже в полнолуние... (Честное слово, после того, как я обнаружила это жутковатое совпадение, я, грешным делом, сразу же посмотрела на свои руки — не покрываются ли они шерстью ненароком? Тьфу-тьфу, обошлось! — но бабушки с посадкой лука по лунным циклам определенно были правы.) Конечно, все можно было бы списать на мое чрезмерное воображение, особенно разыгрывающееся под влиянием такого мощного астрономического объекта, как луна, если бы не повторяющиеся сны. Они меня тревожили, как тревожило и то, что они постоянно менялись. Эта их изменчивость мешала мне, фигурально выражаясь, ухватить их суть за хвост, потому что ни в одном среднестатистическом соннике мне не встречались толкования, которые бы охватывали деревья из костей и деревянные дома, превращающиеся в ручьи, а также коз, оленей и орлов. Да, и не забудьте про неутомимую белку!

Требовалась какая-то принципиально иная система дешифровки тайных знаков, в изобилии раскиданных по моему сновидению, а то, что передо мной были именно тайные знаки, так это, извините, и ежику понятно.

ЕСЛИ ПРИ РАСШИФРОВКЕ СНОВИДЕНИЯ ВЫ СТАЛКИВАЕТЕСЬ С КАКИМИ-ТО НЕПОНЯТНЫМИ, НЕЛОГИЧНЫМИ ИЛИ ПРИЧУДЛИВЫМИ ДЕТАЛЯМИ ИЛИ ЯВЛЕНИЯМИ, ОТНОСИТЕСЬ К НИМ КАК К ТАЙНЫМ ЗНАКАМ — ОНИ ТРЕБУЮТ ОТДЕЛЬНОЙ РАСШИФРОВКИ.

Решение, как всегда, пришло неожиданно. В тот самый момент, когда я в очередной раз разозлилась на этот разношерстный разброс образов и кардинальное изменение картинки (ясень в парке — ясень на обрыве), не позволяющее мне быстренько подвести все дело к одному знаменателю, я сказала себе:

«СТОП! А МОЖЕТ БЫТЬ, СЛОЖНЫЙ И ЗАПУТАННЫЙ СОН НЕ ИМЕЕТ ПРИНЦИПИАЛЬНО ЕДИНСТВЕННОГО ТОЛКОВАНИЯ И МОЖЕТ ПРОЧИТЫВАТЬСЯ ПО-РАЗНОМУ, В ЗАВИСИМОСТИ ОТ ТОГО, С КАКОЙ ТОЧКИ ЗРЕНИЯ ЕГО РАССМАТРИВАТЬ?»

Тем более что человеческая мысль уже придумала несколько способов, как объять необъятное, то есть заключить под одну обложку самые разнообразные толкования.

Как ни странно, впервые до этого додумались (и очень успешно!) в эпоху мрачного Средневековья, придумав учение о четырех смыслах, или о принципиальной многозначности любой вещи и любого высказывания. В античные времена о многозначности как-то не задумывались, а если и задумывались, то только риторы, сочиняющие речи для баталий в суде, и то исключительно в отрицательном смысле: «Как бы так вымарать все двусмысленное, а то скажут: не говори туманно!» В Средние же века судебные речи стали анахронизмом, так, школяров на досуге погонять, чтобы выражались грамотнее, да и вообще считалось, что забота о стиле — это всего лишь забота о стиле. Ведь что думать о содержании, если все книги, которые стоит читать, уже написаны? И, главное, уже создана Она — Библия!

Осталось только ее понять. А понять было трудно — древняя книга, рассказывающая о событиях, часть из которых имела место еще до нашей эры, плохо укладывалась в средневековые головы со всеми своими реалиями вроде назореев, фарисеев и талантов. Тем более что было понятно, что дело не в самих фарисеях и назореях, а в том смысле, который вкладывали создатели великой книги в эти детали, и смыслов этих может быть много. (Вам не кажется, что я со своими ясенями, которые вовсе не ясени, с белками, которые вовсе не белки, оказалась примерно в такой же ситуации?)

Значение вещей гораздо разнообразнее, чем значение слов. Ибо лишь немногие слова имеют больше двух или трех значений; вещь же может обозначать столько других вещей, сколько она имеет общих с другими вещами свойств, видимых и невидимых.
Гуго Сен-Викторский

Поэтому средневековые мыслители решили не мучиться самим и не мучить своих учеников, а сразу признать многозначность любого явления. После дебатов сошлись на том, что оно одномоментно может быть спокойно понятно в четырех смыслах.

Вспомним, например, знаменитую притчу о талантах.

Отправляясь в чужую страну, хозяин раздает своим рабам деньги по их способностям, дабы они сберегли их во время его долгого отсутствия. Одному он дает пять талантов, другому — три, а третьему и вовсе один. Через некоторое время он возвращается из путешествия и требует отчета. Выясняется, что первый и второй раб пустили деньги в дело и получили прибыль, в то время как третий закопал талант в землю, чтобы его не потерять. Раздосадованный хозяин отнимает у него эту единственную монету и отдает его двум другим рабам, вошедшим в его милость.

Попробуем на примере этой известной притчи разобраться в том, какие смыслы-толкования в ней можно найти согласно идее о четырех смыслах и, главное, как они с друг другом соотносятся. Ну а поскольку наша с вами книга прежде всего о сновидениях, то давайте на минутку забудем, что речь идет об известной притче, и представим, что притча плавно превращается... превращается притча... в чье-то сновидение.

Итак, какие же смыслы мы сможем из нее вытащить?

> Буквальный смысл учит прошедшим событиям, аллегорический — чему верить, моральный — что делать, анагогический — на что надеяться.
>
> *Августин Дакийский*

Во-первых, конечно, буквальный, то есть то, как любой предмет понимается, что называется, «в лоб». Если мы заглянем в любой справочник по библеистике, то узнаем, что талант — это в общем-то такая монета. Именно по такой монете роздал своим рабам хозяин в притче, а ясень, если на минуточку забыть обо всех моих мистических подозрениях, и в частности о грозно маячившем за окном круглом диске луны, всего лишь дерево.

Во-вторых, аллегорический, то есть иносказательный. Если совсем-совсем немного прищурить глаз и взглянуть на все, о чем мы говорим сейчас, с точки зрения аллегории, то мы легко определим, что в библейской притче под этой монетой стоимостью в талант иносказательно понимается дар, случайно доставшийся человеку. Не случайно же сегодня, употребляя слово «талант», мы имеем в виду особые способности человека, доставшиеся ему от рождения. (Что касается ясеня-белок, то мы пока повременим с их толкованием.)

В-третьих, известную притчу можно понимать и в моральной (психологической) или мотивационной плоскости. Ясно, что говорится там о том, что если ты не используешь то, что тебе досталось свыше, то через какое-то время ты этого лишаешься, будь то монета или особый талант. Можем ли мы искать подобный подтекст в наших снах? Конечно да. Ведь не секрет, что очень часто наши сны пытаются рассказать не только о наших подспудных проблемах, но и о том, как они должны быть решены, чтобы мы могли чувствовать себя лучше.

И наконец, в-четвертых, анагогический смысл, самый загадочный, самый таинственный и мистический из всех четырех. Традиционно считалось, что он наиболее отдален от человеческого понимания, так как его сущность — это откровение, высшее знание. Анагогия — это восхождение, или подъем души к созерцанию высшего. Оно прячется под покровом тайных символов или иносказаний для того, чтобы наше духовное зрение, не привыкшее к созерцанию столь ярких истин, не ослепло. В эпоху Средневековья под этими высшими сферами всегда понимали небесное царство и вечное блаженство. Разумеется, сегодня мы не можем так безоговорочно доверять все высшее знание исключительно религии, возможно, оно лежит в каких-то иных плоскостях, но одно я знаю точно — все пророческие и вещие сны, видения и откровения порождаются именно этим, анагогическим, пророческим смыслом. Вот так вот.

СОВЕРШЕННО НОРМАЛЬНО ОЦЕНИВАТЬ И ТРАКТОВАТЬ ЛЮБОЕ СНОВИДЕНИЕ СРАЗУ В НЕСКОЛЬКИХ ПЛОСКОСТЯХ. ПРОАНАЛИЗИРОВАВ ЕГО, МОЖНО, ПО КРАЙНЕЙ МЕРЕ, ВЫДЕЛИТЬ ЧЕТЫРЕ СМЫСЛА: БУКВАЛЬНЫЙ, ОЦЕНИВАЮЩИЙ СОБЫТИЯ, ПРОИЗОШЕДШИЕ ВО СНЕ С ТОЧКИ ЗРЕНИЯ СОБЫТИЙ, РЕАЛЬНО ПРОИСХОДИВШИХ РАНЕЕ, ИНОСКАЗАТЕЛЬНЫЙ — ОПИСЫВАЮЩИЙ СНОВИДЕНИЯ С ТОЧКИ ЗРЕНИЯ ВАШЕГО ПОДСОЗНАТЕЛЬНОГО, ПСИХОЛОГИЧЕСКИЙ — ПОДСКАЗЫВАЮЩИЙ ПРАВИЛЬНЫЙ ПОРЯДОК ДЕЙСТВИЙ И ПРОРОЧЕСКИЙ — РАСПОЗНАЮЩИЙ В САМЫХ ПРОСТЫХ ВЕЩАХ ЭЛЕМЕНТЫ ПРЕДСКАЗАНИЯ ИЛИ ПРОРОЧЕСТВА.

«БУКВАЛЬНЫЙ ПОДХОД» (ИЛИ УРОК ЧЕТВЕРТЫЙ)

> Сновидение есть не что иное, как небывалая комбинация бывалых впечатлений.
>
> *И. И. Сеченов*

Давно и хорошо известно, что с биологической точки зрения все наши сны порождаются благодаря физиологическим процессам. Считается, что с определенной периодичностью (обычно раз в 1,5—2 часа) возникает так называемая фаза быстрого сна. В это время у каждого человека начинают быстро двигаться глаза, учащаются сердцебиение и дыхание, а скелетные мышцы, наоборот, расслабляются. Кроме того, активизируются определенные зоны головного мозга, начинающие в срочном порядке перетряхивать и перераспределять все те жизненные впечатления, которые мы получили за предшествующее время (это я пересказываю один очень умный справочник).

Почему так происходит? Да потому, что в обыденной жизни нам некогда, только и всего. Огромное количество действий и поступков мы совершаем машинально, на автомате, и не задумываемся об этом. Встали утром, по привычке пошли чистить зубы, уронили колпачок, машинально его подняли, краем глаза заметили, что на полу грязь, но поскольку торопились на работу и отвести детей в садик, то не стали концентрироваться на этом, мысленно махнули на все рукой, успели три раза забыть и заняться своими делами. (Знакомая картина?) А наш мозг не забыл — повинуясь отданной нами команде, он засунул воспоминания об упавшем колпачке и грязном пятне в самый дальний ящик и поставил пометку: «Вернуться к этому позже». Как правило, для большинства из нас это «позже» наступает именно во сне, когда мы наконец даем нашим мыслительным центрам немного отдыха и они могут заняться рутиной, накопившейся за время бодрствования. Именно такая работа нашего мозга, собственно, и закладывает основу, которая позволяет буквально толковать наши сновидения.

«Профессиональные» сны

Особенно отчетливо это проявляется в тех снах, когда вы увлеченно занимаетесь тем же самым делом, которым занимались накануне.

> Если же кто-нибудь занят
> каким-либо делом прилежно
> Или отдавалися мы чему-нибудь долгое время,
> И увлекало наш ум постоянно занятие это,
> То и во сне представляется нам,
> что мы делаем то же:
> Стряпчий тяжбы ведет,
> составляет условия сделок,
> Военачальник идет на войну
> и в сраженья вступает,
> Кормчий в вечной борьбе пребывает
> с морскими ветрами.
>
> *Лукреций*

Не хотите замшелого классика — вот вам пара более актуальных примеров.

Слушай, ну, извини, правда. Ненарочно получилось. Пока мы ехали тебе на дачу, то по дороге остановились на полянке, чтобы... э-э... размять ноги. Там оказалось столько грибов! Сначала мы их собирали в подол, потом сбегали за полиэтиленовым пакетом, а потом и вовсе стали ссыпать в багажник. В общем, мы там задержались часа на три. Было поздно уже к вам ехать. Мне потом всю ночь снились грибы-грибы-грибы. Очень много грибов, прямо сумасшествие какое-то!

Моя подруга, рассказывая о том,
почему она, собственно, так и не доехала
до моей дачи

— Вась, а Вась, а зачем ты ложку под подушку кладешь?

— Мне каша все время снится, если и сегодня приснится, то у меня будет ложка, чтобы ее кушать.

Один мальчик своей старшей
сестренке в блокадном Ленинграде

— Почему я ухожу спать на диван? Да спать с тобой на одной кровати, когда ты приходишь из рейса, совершенно невозможно! Ты и во сне тралишь лебедку и ругаешься как матрос! Да, я знаю, что ты матрос, и что?

Одна разгневанная жена своему мужу
в пылу ссоры

Для того чтобы объяснить такие сны, не нужно быть Зигмундом Фрейдом или иметь семь пядей во лбу — достаточно вспомнить, чем вы занимались накануне или о чем напряженно размышляли. Очень часто такие сны сугубо «профессиональны» — вы и во сне занимаетесь тем же самым делом, что и обычно. Но они могут и варьироваться, и тогда во сне вы, наоборот, будете заниматься тем делом, которое накануне выбило вас из колеи. Такие сны, как правило, не несут никакой особенной смысловой нагрузки и означают только то, что дело, которое вы делали во сне, всецело вас захватило.

ПРЕЖДЕ ЧЕМ ИСКАТЬ В СВОИХ СНОВИДЕНИЯХ МНОГООБРАЗИЕ ИНОСКАЗАТЕЛЬНЫХ СМЫСЛОВ, ПРОВЕРЬТЕ, НЕ ВЫЗВАНЫ ЛИ ОНИ НАПРЯМУЮ СОБЫТИЯМИ ПРЕДШЕСТВУЮЩЕГО ДНЯ, ОСОБЕННО ЕСЛИ ОНИ ОСТАВИЛИ В ВАШЕЙ ДУШЕ ЯРКИЙ ЭМОЦИОНАЛЬНЫЙ ОТКЛИК. В КАЧЕСТВЕ ТАКИХ МОТИВИРУЮЩИХ СОБЫТИЙ МОЖЕТ ВЫСТУПАТЬ ВАША ПРОФЕССИОНАЛЬНАЯ ДЕЯТЕЛЬНОСТЬ (ВЫ ПРЕДАЕТЕСЬ ЛЮБИМОЙ РАБОТЕ) ИЛИ, НАОБОРОТ, НЕОБЫЧНЫЙ ДЛЯ ВАС ВИД ДЕЯТЕЛЬНОСТИ (СБОР ГРИБОВ).

ОСНОВНОЕ ОТЛИЧИЕ «РАБОЧИХ» СНОВ ОТ ИНОСКАЗАТЕЛЬНЫХ — В ИХ ЭМОЦИОНАЛЬНОЙ ОКРАСКЕ, В НИХ ВЫ НЕ ИСПЫТЫВАЕТЕ ВО СНЕ НИКАКИХ ОСОБЕННЫХ ЧУВСТВ ИЛИ ЖЕ ОНИ ВПОЛНЕ СООТВЕТСТВУЮТ СИТУАЦИИ В ВАШЕМ ПОНИМАНИИ.

Поскольку объяснить такие сны легко и просто, я не буду утомлять вас и заставлять делать огромное количество никому не нужных упражнений. Ваш сегодняшний сон вполне объясняется вчерашними событиями? Чудесно. Можно успокоиться и продолжать жить, как жили.

НА «ПРОФЕССИОНАЛЬНЫЕ» СНЫ НЕ СТОИТ ОБРАЩАТЬ ОСОБОГО ВНИМАНИЯ. ОНИ НЕ НЕСУТ В СЕБЕ НИКАКОГО ИНОСКАЗАТЕЛЬНОГО СМЫСЛА И НЕ ЯВЛЯЮТСЯ ВЕЩИМИ. ЕДИНСТВЕННОЕ ИСКЛЮЧЕНИЕ — В ПОСЛЕДНЕЕ ВРЕМЯ

ОНИ СТАЛИ СНИТЬСЯ ВАМ РЕГУЛЯРНО. ЭТО МОЖЕТ СВИ-
ДЕТЕЛЬСТВОВАТЬ О ТОМ, ЧТО ВЫ ВЫМОТАЛИСЬ ИЛИ ЭМО-
ЦИОНАЛЬНО «ВЫГОРЕЛИ» НА РАБОТЕ. В ТАКИХ СНАХ ВАША
ДЕЯТЕЛЬНОСТЬ ПРИНИМАЕТ ЦИКЛИЧЕСКИЙ ХАРАКТЕР — НА
ПРОТЯЖЕНИИ ВСЕГО СНА ВЫ СОВЕРШАЕТЕ ПОВТОРЯЮЩИЕ-
СЯ, ОДНОТИПНЫЕ ДЕЙСТВИЯ.

Нет? Читаем дальше.

Сновидения «здесь и сейчас»

Помимо «профессиональных» снов в буквальном
смысле могут истолковываться сновидения, которые
я привыкла называть сны «здесь и сейчас», или снами
привходящей реальности. Такие сны рассказывают
вам о том, что происходит в бодрствующем мире в то
время, когда вы спите.

Мы привыкли думать, что, пока мы спим, мы
не замечаем того, что происходит вокруг нас, но это
не совсем так. Несмотря на то что во время сна мы
погружены в царство бессознательного, наши рецепторы продолжают фиксировать изменения в окружающей среде. Ваши пятки высунулись из-под теплень-
кого одеяла? Не беспокойтесь, расположенные там
рецепторы подадут сигнал мозгу, что вы замерзаете.
С полки с грохотом упала книга? Информация о неожиданно громком звуке будет немедленно доставле-
на куда следует.

Весь вопрос только в том, как ваши серые клеточ-
ки отреагируют на эти сведения. Если бы вы в момент
происшествия бодрствовали, то быстро бы объяснили
себе имевшее место происшествие в самом что ни на
есть реалистическом духе. Но поскольку вы спите и
ваш внутренний процесс занят перетряхиванием на-
копившихся файлов, то важная информация о том,

что происходит вокруг вас, будет передана в вам в метафорическом виде. Ваши лишенные одеяла пятки замерзли? Значит, во сне вы будете босиком бродить по ледяной пустыне. Шум от упавшей книги трансформируется в грохот артиллерийской канонады, удар грома или что-нибудь еще в этом духе.

Мне снилось, что подо мной с грохотом движется пол и, чтобы не упасть, я должен перескакивать с половицы на половицу. И все бы ничего, если бы вдруг передо мной не возникла огромная пропасть. Из последних сил я напрягся, прыгнул и уже в полете падаю. Так оно и оказалось: прыжками во сне я занимался, заснув на второй полке поезда.

Пациент — травматологу

Всю ночь мне снилась какая-то дурь, будто я нахожусь в горящем лесу. То есть пожара еще нет, но я знаю, что он надвигается, по запаху. Пахло расплавленной смолой — очень сильно, и хвоей. Просыпаюсь, и что же я вижу — Катька втихаря запалила аромалампу с каким-то можжевеловым маслом. Воняло так, что хоть святых выноси, а я ей тысячу раз говорила, что ненавижу всякие эфирные масла и эти освежители воздуха!

Студентка, объясняющая, почему она поругалась с соседкой по комнате

Вчера мне снилось, будто я попала на стройку — гудит строительный кран, работает бетономешалка, сваи забивают... А оказалось, это мой муж раньше с ночной смены вернулся и тайком хотел приготовить себе завтрак. Кастрюлями гремел, значит.

Из рассказа соседки

Иногда такие сны приобретают характер сложной законченной истории.

Известному актеру и режиссеру Франсуа Морелю однажды приснилось, будто он находится на парижской улице времен Великой французской революции. Он — дворянин и аристократ — отчаянно пытается спрятаться от толпы разъяренной черни, но его все же выволакивают из укрытия, связывают по рукам и ногам и волокут к гильотине. Он отчаянно кричит и сопротивляется, но ничего не помогает, и его бросают на плаху. Страшный нож падает, он чувствует удар по шее... и просыпается со страшным криком. Оказалось, он так беспокойно спал, что ухитрился запутаться в собственном одеяле и сорвать полог с кровати. Упавшая планка полога и ударила его по шее.

Как правило, сны «здесь и сейчас» тоже довольно просты для толкования. Звон рожка оборачивается звонком в дверь, нож гильотины — планкой полога. (Если вспомнить мой повторяющийся «ясеневый» сон, то конское ржание и звон подков в конечном счете обернулись звоном будильника.) Почему же я говорю, что они сложнее в истолковании, чем «профессиональные» сны?

Во-первых, очень часто внешний раздражитель, повлиявший на возникновение того или иного сна, очень трудно обнаружить, так как еще до вашего пробуждения он исчез. А имею в виду, что замерзшие пятки могут снова скрыться под одеялом и отогреться, любопытная кошка вернуться обратно, а муж перестать греметь кастрюлями. В таком случае догадаться о том, что вы имеете дело со сном «здесь и сейчас», очень сложно.

СНОВИДЕНИЯМИ «ЗДЕСЬ И СЕЙЧАС» Я НАЗЫВАЮ СНОВИ-
ДЕНИЯ, ВОЗНИКШИЕ ПОД ВЛИЯНИЕМ ВНЕШНИХ РАЗДРА-
ЖИТЕЛЕЙ, ПОДСОЗНАТЕЛЬНО ДЕЙСТВОВАВШИХ НА ВАС ВО
ВРЕМЯ СНА. ПОЭТОМУ, ПРОСНУВШИСЬ, ОГЛЯДИТЕСЬ ВОКРУГ
СЕБЯ И ЗАГЛЯНИТЕ В СВОЙ «БЛАНК СНОВИДЕНИЙ» И ЗА-
ДАЙТЕ СЕБЕ ВОПРОС: «КАКИЕ ДЕТАЛИ ВАШЕГО СНОВИДЕНИЯ
ВЫ МОЖЕТЕ ОБЪЯСНИТЬ ВНЕШНИМ ВОЗДЕЙСТВИЕМ?» ЗА-
ПИШИТЕ ОТВЕТ.

НЕ ЗАБУДЬТЕ ВНИМАТЕЛЬНО ОСМОТРЕТЬСЯ: ВСЕ ЛИ В ВА-
ШЕЙ КОМНАТЕ ТАК, КАК БЫЛО ДО ВАШЕГО ЗАСЫПАНИЯ?
НЕ УПАЛИ ЛИ КАКИЕ-ТО ПРЕДМЕТЫ НА ПОЛ? ПОЛНОСТЬЮ
ЛИ ЗАКРЫТЫ ОКНА? ЕСЛИ У ВАС ЕСТЬ ТАКАЯ ВОЗМОЖ-
НОСТЬ, ПОИНТЕРЕСУЙТЕСЬ У ДОМОЧАДЦЕВ, НЕ ПРОИЗО-
ШЛО ЛИ ЧТО-НИБУДЬ ЭТАКОЕ, ПОКА ВЫ СПАЛИ. ЗАПОМИ-
НАЙТЕ ДАЖЕ МАЛОЗНАЧИТЕЛЬНЫЕ ДЕТАЛИ.

Во-вторых, очень часто раздражитель, вызываю-
щий сны, находится не во внешней, окружающей нас
среде, а внутри нас. Я говорю сейчас прежде всего
о сновидениях, вызванных начинающейся болезнью,
или, «больных» снах.

«Больные» сны

Возникновение «больных» снов до такой степени
понятно и объяснимо, что если бы они не существо-
вали, то их следовало бы придумать. Потому что если
наш организм претворяет в сны такие вещи, как звон
будильника или запах ароматической смеси, то он
должен самым решительным образом реагировать на
зарождающуюся болезнь. Не сомневайтесь, он и реа-
гирует, и еще как.

Например, известный врач Виктор Касаткин, исследуя сновидения своих пациентов, обнаружил

интересную закономерность: больные (и заболевающие) люди лучше запоминали увиденные сны, более того, они к ним приходили чаще в течение всей ночи! Если здоровые люди запоминали увиденное в 60—70% случаев, то у больных людей вероятность запоминания снов — 80—100%.

Как выявить настоящий «больной» сон?

ДЛЯ ТОГО ЧТОБЫ ОПРЕДЕЛИТЬ, ЧТО ПРИСНИВШИЙСЯ СОН ПРЕДВЕЩАЕТ ЗАБОЛЕВАНИЕ, ПРОВЕРЬТЕ ЕГО НА СООТВЕТСТВИЕ СВОЙСТВАМ «БОЛЬНОГО» СНА, УКАЗАННЫМ НИЖЕ. ЧЕСТНО СВЕРЬТЕ ВСЕ ХАРАКТЕРИСТИКИ С МОТИВАМИ ВАШЕГО СНА. ЕСЛИ ВЫ НАХОДИТЕ ОПРЕДЕЛЕННЫЕ СОВПАДЕНИЯ В ТРЕХ ИЛИ БОЛЕЕ СЛУЧАЯХ, ТО С БОЛЬШОЙ ДОЛЕЙ ВЕРОЯТНОСТИ МОЖНО УТВЕРЖДАТЬ, ЧТО ВАС СОН МОЖЕТ ПРЕДСКАЗЫВАТЬ ПРОБЛЕМЫ СО ЗДОРОВЬЕМ.

Свойства «больного» сна

1. По своей сущности он имеет тягостный характер или является чистым неприкрытым кошмаром.
2. После пробуждения от него вы испытывает тягостное чувство, депрессию, подавленность, разбитость или сильный страх перед будущим.
3. Он появился у вас недавно и за последние несколько дней / неделю стал повторяться регулярно — каждую или почти каждую ночь.
4. В течение ночи он повторяется неоднократно — вы засыпаете с этим сном, просыпаетесь от него, снова засыпаете и снова видите его же.
5. Все мотивы этого сна схожи и состоят в причинении увечий или ущерба одной и той же части вашего тела.

6. Все во сне вам кажется выцветшим, безвкусным и лишенным какого бы то ни было запаха, бессильным, вялым.

7. Если вы движетесь во сне, то обязательно вниз — по наклонной плоскости, по ступеням, увязаете в болоте.

8. Все, что окружает вас, неприятное, склизкое, грязное.

9. Вас окружают неприятные сущности или враждебные существа. Зачастую они не имеют законченной формы и вы не можете подобрать слово для того, чтобы охарактеризовать их.

10. Вас постоянно преследует видение сырого мяса. Вы его покупаете или продаете, пробуете или предлагаете другим.

Последние пару недель мне снился очень мерзкий сон: мне казалось, что из-под кровати выползает змея и кусает меня за ногу. А еще один раз мне приснилось, будто какая-то противная старуха тычет мне в ступню спицей. Сон-то был в руку. Воспалилось сухожилие. Ортопед говорит, что это оттого, что я со своим плоскостопием переходила в неудобной обуви. Теперь буду ходить в этой уродской старушечьей обуви. А что делать-то?

Подруга по телефону

Представляешь, наш сосед по даче совсем спятил — решил, что у него домовой завелся и душит его по ночам. Сидит на груди и давит, давит. И так по нескольку раз за ночь. Он уж и молоко ему ставил, и батюшку звал, а все без толку. Потом фельдшерица в районной больничке посоветовала ему сердце проверить: мол, это у вас ночные приступы. Так и оказалось — стенокардия.

Мама, делясь впечатлением
от поездки на дачу

Что же делать, если вы пришли к выводу, что вас посетило именно такое «больное» сновидение? Прежде всего — не паниковать. Всегда остается шанс, что вы неправильно истолковали приснившиеся вам мотивы. Кроме того, вполне возможно, что ваше заболевание окажется далеко не таким страшным, как вы думаете. Даже простой нарыв может провоцировать яркие, запоминающиеся кошмары, хотя сам по себе он не так уж и страшен.

ЕСЛИ ВАМ ПРИСНИЛСЯ «БОЛЬНОЙ» СОН, ПОСТАРАЙТЕСЬ ОПРЕДЕЛИТЬ НАПРАВЛЕНИЕ «ГЛАВНОГО УДАРА» ВОЗМОЖНОГО ЗАБОЛЕВАНИЯ. ВОЗЬМИТЕ В РУКУ ВАШ БЛАНК (ВЫ ЖЕ ТЩАТЕЛЬНО ВСЕ ЗАПИСЫВАЛИ, ДА?) И НАПРОТИВ КАЖДОГО МОТИВА НАПИШИТЕ, С КАКОЙ ЧАСТЬЮ ВАШЕГО ТЕЛА ИЛИ С КАКИМ АКТОМ ЖИЗНЕДЕЯТЕЛЬНОСТИ МОЖЕТ БЫТЬ СВЯЗАН ТОТ ИЛИ ИНОЙ МОТИВ. ПОДЧЕРКНИТЕ ПОВТОРЯЮЩИЕСЯ МОМЕНТЫ. ИМЕННО В НИХ КРОЕТСЯ ОТВЕТ НА ВАШ ВОПРОС.

Приведу простой пример определения возможного заболевания.

Мою тетку, которая обычно спит очень крепко и не запоминает сновидения, стали тревожить сны. Так, в одном из них она на семейном торжестве угощалась соленой селедочкой и, конечно, захотела пить. Она тянется рукой к кувшину с водой, но нет... там нет воды, все выпито. Она бросается искать воду по всей квартире, но воды нет даже в кране. В другой раз ей приснилось, что она болеет и просит подать воды своего мужа, но он, вместо того чтобы исполнить ее просьбу, все время предлагает ей кусочек колбаски. В третьем сне она брела по летней и жаркой дороге, изнывая от жажды. Она все время надеется, что по дороге встретит реку или ручей, но перед ней только иссушенная от зноя земля.

Как мы анализировали этот сон? Первым делом мы исключили внешние факторы, которые могли бы вызвать появление таких сновидений. Выяснилось, что накануне тетя не ела соленого на ночь и, в общем-то, не испытывала чувства жажды. После этого мы тщательно расписали эти сны, насколько их помнила моя родственница (разумеется, она не вела подробных дневников, чего уж там) примерно таким образом.

Сон № 1: застолье — соленая рыба — нет воды — жажда.

Сон № 2: болезнь — жажда — нет воды — кусочек колбасы.

Сон № 3: зной — дорога — жажда — нет воды.

Когда мы расписали тетины сны, то сразу же заметили два сквозных мотива: во всех сновидениях тете хотелось пить, но она никак не могла обнаружить воду. Совершенно очевидно, это указывало, что по ночам тетя испытывает сильное чувство жажды. Нам оставалось только прикинуть, какие распространенные заболевания могут давать такие симптомы, и сдать соответствующие анализы. По их результатам стало понятно, что у тети сильно повышен уровень сахара в крови и, дабы избежать диабета, ей нужно перестать злоупотреблять сладким и немного похудеть.

НИ В КОЕМ СЛУЧАЕ НЕ БОЙТЕСЬ ВАШЕГО СНА. СОН — ЭТО ВСЕГО ЛИШЬ СОН. ОН НЕ МОЖЕТ ПРИЧИНИТЬ ВАМ ВРЕДА. ОТНОСИТЕСЬ К НЕМУ КАК К ДОБРОМУ СОВЕТЧИКУ, ПЫТАЮ-ЩЕМУСЯ ВАМ ПОМОЧЬ.

Сновидения часто предупреждают о заболеваниях, которые вас настигнут только через несколько недель или даже месяцев. У вас есть время, чтобы остановить будущую болезнь.

Этот срок, конечно, очень зависит от того, чем вам предстоит заболеть. Всего несколько часов может пройти между сновидением, предвещающим острое инфекционное заболевание, такое как ангина или грипп, и самой болезнью. О возможном сердечном приступе вас предупредят за несколько дней, о возникновении гипертонии и стенокардии за пару месяцев. Проблемы желудочно-кишечного тракта — хронические гастриты и язвенная болезнь — заявят о своем появлении за месяц или полтора до бурного начала. Наконец, самый большой срок — до полугода — предоставят вам сновидения, предупреждающие о возможной онкологии.

ИСПОЛЬЗУЙТЕ «БОЛЬНЫЕ» СНЫ КАК СИГНАЛ ДЛЯ УКРЕПЛЕНИЯ ЗДОРОВЬЯ И ОБРАЩЕНИЯ К ВРАЧУ. У ВАС ЕЩЕ ЕСТЬ ВРЕМЯ, ЧТОБЫ ПРИНЯТЬ МЕРЫ!

Сны, снящиеся к определенным заболеваниям

Хронические заболевания

Хронические заболевания, о которых вы еще не догадываетесь, предупреждают о своем появлении тягостными, «муторными» сновидениями. В этих снах действие всегда разворачивается в полумраке — темной комнате или же в сумерках, ночью. Не менее часто встречается мотив грязной, «плохой» воды, увядших растений и деревьев. Также вы можете спасаться бегством от собак, пауков, змей и прочих неприятных существ. Иногда они могут быть неправдоподобны. По мере нарастания процесса такие сны будут учащаться, они будут интенсивнее — от просто тягостного сна к кошмару. Кроме того, при хронических заболеваниях перестают сниться сны о полетах, подъеме вверх. Если вы куда-то и движетесь, то, как правило, только вниз.

Сердечные заболевания

При возникновении сердечных заболеваний очень часто снятся сны, окрашенные сильным переживанием смерти, страхом перед ней. К вам может прийти смерть с косой, вы можете увидеть свое надгробие и т. п. При сердечных аритмиях очень часто снятся сны, использующие мотив падения с большой высоты — с высотного дома, в шахту лифта, в пропасть и т. п. При проблемах с коронарными сосудами сердца — бесконечный, изматывающий подъем вверх или физически непосильная работа: подъем страшных тяжестей, перестановка мебели и т. п.

Заболевания легких

Основные мотивы сновидений, указывающие на возможные проблемы с легкими, — это мотивы удушения. Вам может сниться, что вас душит серийный убийца, вас живьем хоронят в земле, пытаются засунуть в пальто или корсет, в котором вам трудно дышать. Иногда может сниться, что вас заставляют пролезать через узкое отверстие — трубу, лаз в заборе, протискиваться в форточку. Почему-то почти трети людей, видевших предупреждающие сны о болезни легких, снились рогатые животные — быки, овцы, козы. Больные либо выпасали их (сон сопровождался тягостными ощущениями), либо, наоборот, спасались бегством.

Заболевания желудка

Для сновидений, рассказывающих о возникновении заболеваний желудочно-кишечного тракта, характерны мотивы испорченной пищи. Во сне вас заставляют есть протухшую пищу, вызывающую рвоту, или же поглощать пресные, безвкусные, несоленые блюда. Иногда в этих снах вместо еды вам подают гвозди, колючки, иглы или другие непригодные для еды предметы с острыми краями. Так, одному мужчине перед приступом язвенной болезни приснилось, что он работает электриком и по работе вынужден грызть перегоревшие лампочки накаливания. Могут присниться и колючие растения — алоэ, кактусы, верблюжья колючка, терновник и чертополох. Также вас должны насторожить приснившиеся ранения в область желудка, укусы змей или удары током.

Заболевания кишечника

Очень часто при заболеваниях кишечника снятся проблемы, связанные с походом в туалет. Вы бегаете по городу в поисках общественного туалета; выбранная вами кабинка загажена или в ней нет унитаза, вы опаздываете на поезд и пробегаете мимо туалета, дверь в туалет заварена и т. п. Даже просто приснившаяся уборная, особенно если сон часто повторяется, может свидетельствовать о проблемах в этой сфере. Может привидеться сырое мясо или требуха.

Заболевания мочеполовой сферы

Основные мотивы, преследующие во снах людей, страдающих заболеваниями этого типа, связаны с водной тематикой. Вы можете плавать в реке, море или океане или, наоборот, сидеть в луже. Главное, вам холодно и очень-очень неприятно. Очень часто при урогенитальных процессах снится даже не само море или река, а их обитатели — рыбы, кальмары, лягушки и т. п., но в отличие от снов на «желудочную» тему здесь тягостные чувства вызывает не необходимость поедания этих животных, а само сосуществование с ними. Как правило, они окружают вас, дотрагиваются до вас или даже скользят по вашему телу.

Проблемы с ногами

О проблемах с ногами сигнализируют сны, в которых сновидец не может контролировать свои движения. Вам могут сниться туфли, заставляющие вас танцевать, каток, по которому вы катитесь и никак не можете остановиться, и т. п. Больные суставы напоминают о себе сновидениями, в которых вам под матрас или в сумку заползают змеи, скорпионы. Также вас должны насторожить сны, в которых вас ранят в ноги или проводят на них операции.

Ангина и воспалительные заболевания горла

При воспалительных заболеваниях горла вам будут сниться сцены удушения и картины ранений горла. Наиболее красочный кошмар на эту тему, известный мне, состоял в том, что человеку, впоследствии заболевшему ангиной, снилось, что его горло полосуют острой бритвой.

Диабет

О том, что у вас развивается диабет, могут свиде-тельствовать сны, в которых вы испытываете постоян-ное чувство жажды и, самое главное, никак не можете ее утолить. Недоступные кувшины с водой, путеше-ствия в пустыне под палящим солнцем, разлившаяся бутылка воды — если вам снятся сны с подобными сюжетами, проверьте уровень сахара.

К СЧАСТЬЮ, ПОМИМО СНОВ, УКАЗЫВАЮЩИХ НА ВОЗМОЖ-НОСТЬ БОЛЕЗНИ, СУЩЕСТВУЮТ И СНОВИДЕНИЯ, КОТОРЫЕ СООБЩАЮТ НАМ О ТОМ, ЧТО МЫ НА ВЕРНОМ ПУТИ К ВЫ-ЗДОРОВЛЕНИЮ. В ТАКИХ СНАХ К НАМ ОБЫЧНО ВОЗВРАЩА-ЕТСЯ ЧУВСТВО ПОЛЕТА. В НИХ МЫ ЧАСТО ДВИЖЕМСЯ ВВЕРХ ИЛИ СОЗЕРЦАЕМ ИСТОЧНИКИ ЧИСТОЙ ВОДЫ. КРОМЕ ТОГО, СВИДЕТЕЛЬСТВОМ ВЫЗДОРОВЛЕНИЯ МОГУТ СЧИТАТЬСЯ И СНЫ, В КОТОРЫЕ СНОВА ВОЗВРАЩАЮТСЯ КРАСКИ. ПОСЛЕ ПРОБУЖДЕНИЯ ОТ ТАКИХ СНОВИДЕНИЙ ВЫ ЧУВСТВУЕТЕ РА-ДОСТЬ И УМИРОТВОРЕНИЕ.

* * *

Итак, давайте, как говорится, подведем предвари-тельные итоги. Надеюсь, я сумела убедить вас в не-скольких простых вещах.

1. Существуют сны, исчерпывающе объяснить кото-рые можно на буквальном уровне. К таким снам относятся:

- «профессиональные» сны, представляющие со-бой обыкновенную обработку мозгом впечатле-ний, полученных днем;

- сны «здесь и сейчас», в которых нашли отражения события, произошедшие во время нашего сна;

- «больные» сны, то есть сновидения, которые являются сигналом организма о том, что что-то не в порядке.

2. Толкование любого сна, даже самого запутанного, всегда нужно начинать с буквального уровня. Это означает, что, тщательно расписав все мотивы сновидения, необходимо подобрать вашим видениям реалистическое толкование.

> Иногда сигара — это просто сигара.
> *Зигмунд Фрейд*

а) Вспомните все события предшествующих дней, уделив особенное внимание своей профессиональной деятельности и тому, что вызвало в вас наиболее сильный эмоциональный отклик. Отметьте в своем бланке все ставшие понятными фрагменты.

б) Исключите все проявления вашего сновидения, которые могут быть вызваны реальными происшествиями, которые имели место во время вашего сна. Для этого внимательно осмотритесь и отметьте все изменения, произошедшие вокруг вас. Расспросите домочадцев. Отметьте в бланке все ставшие понятными моменты.

в) Если вам стали сниться тягостные повторяющиеся сны, подумайте, не свидетельствуют ли они о начинающейся болезни. Для этого проверьте свой сон на соответствие «свойствам «больного» сна.

Получили ли некоторые обстоятельства вашего сна реалистическое объяснение? Лично я обнаружила некоторые закономерности. Напомню содержание своего сна.

Мне часто снится, что я иду или лечу к ясеню. Дерево моих снов могуче и крепко. Крона его зелена и огромна, а высовывающиеся из земли корни толщиной с мужскую руку. Самое главное: оно меняется ото сна к сну. Чаще всего это мощное дерево, растущее в городском парке или лесу. Но иногда я вижу его горделиво вознесшимся над узким заливом, глубоко врезающимся в скалистый берег. В этом случае по его стволу неутомимо скачет рыжая белка, и я знаю, что имя ей Рататоск. На вершине ясеня расправляет крылья огромный орел, у подножия свернулось кольцом змеиное тело, а олень щиплет молодую листву. Порою у его подножия находится длинный деревянный дом, сложенный из бруса, с низко нависающей двускатной крышей, около которого пасется коза. В другой раз вместо старого дома у корней ясеня я вижу источник, бьющий из корней, и трех женщин у него. Они не молоды и не стары, и у них мое лицо. А иногда — и это пугает меня больше всего — мне кажется, что под корой древнего ясеня белеет человеческая кость. Тогда я слышу, как на вершине царственный орел полощет крыльями, а откуда-то издалека доносится конское ржание и звяканье конской упряжи. В том случае, если я не иду к ясеню, а лечу, я представляю себя хищной птицей со всеми вытекающими. У меня есть гнездо где-то в скалах, я ощущаю, как ветер несет меня над землей, и вижу окружающий мир с высоты птичьего полета.

Перво-наперво я попыталась выделить шум впечатлений предшествующих дней. Мне было много сложнее, чем вам, потому что на создание самого удобного способа анализировать свои сновидения мне потребовалось определенное время, за которое я успела многое подзабыть. К счастью, я одна из тех зануд, которые любят все планируемые дела заносить в ежедневник, а потом с упоением вычеркивать выполненное. Вдумчивое изучение этой полезной книжечки позволило мне сделать первое открытие. Оказывается, накануне того дня, когда я впервые увидела «ясеневый» сон, я готовила материалы для статьи, посвященной деревянным лестницам. Что это значит? А вот что. Не знаю, известно ли вам, но столяры и резчики по дереву из всех видов местной древесины более всего ценят дуб, ясень и бук и иногда даже между собой называют их «большой тройкой». Все потому, что деревья этих пород дают самую прочную древесину, изделиям из которой «сносу нет». А у ясеня она еще и самая красивая — она похожа на переплетение золотистых и коричневых лент, на танцующие языки пламени или шпили готических соборов. Мне столько раз демонстрировали ее красоту, что теперь я с легкостью найду ясеневую доску среди других деревянных плашек. У меня не осталось записей на этот счет, но не сомневаюсь, что ясеневые доски мне как минимум нахваливали, а как максимум еще и показывали. Накануне же того дня, когда мне приснился второй «ясеневый» сон, я переставляла свой письменный стол в другую комнату. Не это ли подтолкнуло меня к тому, чтобы увидеть подобные сновидения? Совершенно очевидно, что появление ясеня в моих снах во многом объясняется тем, чем я занималась вчера.

Но не только. Немного поразмыслив, я пришла к выводу, что некоторые моменты моих снов являются вполне себе порождениями сна «здесь и сейчас». Например, конское ржание и стук подков я легко могу объяснить звонком будильника, звенящего у меня немного хрипло и надтреснуто. Но не только:

овевающие крылья моего сокола потоки воздуха лично я не списываю на какие-то сверхъестественные силы, а скорее на то, что пришло время поменять старые деревянные рамы на стеклопакеты. Когда ветер дует в мои окна, у меня по комнатам гуляют реальные сквозняки.

Что же касается возможных болезней, то мои сновидения (тьфу-тьфу-тьфу) подсказывают скорее о том, что я здорова, чем наоборот. Об этом говорит мне то чувство радости, которое я испытывала каждый раз после пробуждения, и ощущение полета в теле сокола.

Однако в то же время не могу полностью объяснить все происходящее во сне, используя только буквальный подход. Необъяснимыми остаются и появление разнообразных существ около моего ясеня, и высовывающаяся из-под коры человеческая кость. Не сомневаюсь, что и в ваших снах осталось еще очень много неразгаданного.

Что будем делать? Пойдем дальше, то есть перейдем на следующий уровень толкования сновидений.

«ИНОСКАЗАТЕЛЬНЫЙ» ПОДХОД (ИЛИ УРОК ПЯТЫЙ)

> Сон снимает одежды обстоятельств, вооружает нас пугающей свободой, и всякое желание спешит обернуться действием. Опытный человек читает свои сны, чтобы познать себя; возможно, он понимает их и не до конца, но улавливает суть.
>
> *Эмерсон*

Когда мне снится мой ясень с выпирающей из-под коры человеческой костью, я всегда понимаю — даже во сне, — что он вовсе и не ясень. То есть ясень и не ясень в одно и то же время. Иногда мне кажется, что это уже не дерево, а человек, мощный и кряжистый, спиной подпирающий стену длинного дома и легко удерживающий на своем плече орла. Кожа его задубела как кора, мощные ноги вросли в землю, а кудлатая борода — точно гнездо омелы. А вон та большая ветка и не ветвь вовсе, а мощное копье, то ли проткнувшее его тело насквозь, то ли просто воткнутое рядом. Да и лошадь, чье ржание я слышу иногда, тоже непростая лошадь. Иногда она подходит к своему хозяину-дереву, что дотронуться до него губами, и мне кажется, что у нее слишком много ног, чтобы быть обычным животным...

Дерево — не дерево, человек — не человек, копье — не копье, лошадь — не лошадь... Исследуя свой сон, я очень быстро поняла, что эти мотивы я должна воспринимать не в их буквальном, повседневном значении, а в каком-то ином, скрытом за этими довольно обыденными образами, то есть, говоря проще, в иносказательном или символическом ключе.

По большому счету, для того, чтобы существовало иносказание, нужно всего ничего — чтобы одно обозначало другое, не обязательно являясь таковым. То есть как соя в колбасе обозначает мясо, крашеный кролик — мексиканского тушкана, мексиканский тушкан, в свою очередь, шанхайских барсов, а современная пенсия — деньги, на которые можно жить. Если отвлечься от грубой прозы жизни, то все эти случаи, когда желаемое выдается за действительное, можно считать иносказанием. В этом уравнении «действительное» выступает как символ «желаемого». Помните выражение «символ красивой жизни»? То-то и оно.

Разумеется, если вы откроете любую умную книжку, посвященную символике, то прочтете там огромное количество чрезвычайно запутанных рассуждений по поводу того, что есть символ и какой он сложный, загадочный и непостижимый. Можете все это прочесть, а затем выдохнуть и расслабиться. На самом деле символ — это нечто обозначающее другое. Только и всего. А остальное все от лукавого. Но ежели вы желаете красивого определения, то вот оно:

> Символика превращает явление в идею, идею в образ и так, что идея всегда остается в образе бесконечно действенной и недостижимой.
>
> *И.-В. Гете*

Наиболее всего символы удобны в том случае, когда нужно обозначить то, что в обыденной жизни простыми словами или даже целым потоком слов обозначить очень сложно. Чувство. Настроение. Ощущение. Помню, в детстве бабушка мне рассказывала, как ее отец, потомственный крестьянин в -дцатом поколении, плакал каждый раз, когда слышал строчку из некрасовского стихотворения, набившего нам оскомину еще в школе: «Только не сжата полоска одна». Для него, человека, выросшего на земле и ценившего землю более всего на свете, эта несжатая полоска была символом страшной трагедии. Убийства ли, смерти от мора, разорения, изгнания — неважно, подставляй что хочешь, главное, несчастье это было такой силы, что помешало уборке хлеба — делу повышенной, первостепенной важности. Видите, сколько предложений мне понадобилось для того, чтобы выразить то, что мой прадед находил в этой несжатой полоске? (При этом я еще далеко не полностью исчерпала все возможные толкования.) А Некрасову, который использовал символический образ, было достаточно всего одного предложения.

Именно благодаря многозначности нашему подсознанию так удобно использовать символические образы для того, чтобы утрамбовать туда все то обилие информации, которое оно бы нам хотело сообщить за время короткого сна. Предполагается, что, проснувшись, мы с помощью нашего образного мышления и интуиции легко и просто разгадаем все многообразие символических знаков, которое нам подсовывает подсознание. Какие же они бывают?

Во-первых, универсальными или общечеловеческими. Такие символы будут одинаково будут истолкованы представителями самых разных наций и рас, людьми, живущими в самых разных странах и эпохах. Язык этих символов мы не должны изучать специально, переезжая на новое место жительства, ибо мы владеем ими от рождения как представители вида «человек разумный». Где бы вы ни оказались, дом будет везде значить уют, комфорт и защищенность, слезы — расстройство, печаль, горе и боль, руки матери — любовь и заботу. Возникновение таких символических образов в нашем сознании предопределено генетическими особенностями нашего вида. Как правило, они связаны с базовыми вещами — свойствами нашего тела, мышления и психики — и в конечном счете являются именно тем, что позволяет нам сказать другому человеку:

Мы с тобой одной крови, ты и я.
Р. Киплинг

На языке таких общечеловеческих символов сложены мифы всех народов мира. Если собрать все эти символы и символические ситуации вместе в один гигантский свод-энциклопедию, то в нем найдет отражения картина мира всего человечества. Иногда такие символы называют архетипическими. Вот как о таких символических ситуациях рассказывает один латиноамериканский писатель.

Историй всего четыре. Одна, самая старая — об укрепленном городе, который штурмуют и обороняют герои. Защитники знают, что город обречен мечу и огню, а сопротивление бесполезно; самый прославленный из завоевателей, Ахилл, знает, что обречен погибнуть, не дожив до победы.

Вторая, связанная с первой, — о возвращении. Об Улиссе, после десяти лет скитаний по грозным морям и остановок на зачарованных островах приплывшем к родной Итаке, и о северных богах, вслед за уничтожением земли видящих, как она, зеленея и лучась, вновь восстает из моря, и находящих в траве шахматные фигуры, которыми сражались накануне.

Третья история — о поиске. Можно считать ее вариантом предыдущей. Это Ясон, плывущий за золотым руном, и тридцать персидских птиц, пересекающих горы и моря, чтобы увидеть лик своего бога — Симурга, который есть каждая из них и все они разом. В прошлом любое начинание завершалось удачей... Теперь поиски обречены на провал...

Мы так бедны отвагой и верой, что видим в счастливом конце лишь грубо сфабрикованное потворство массовым вкусам. Мы не способны верить в рай и еще меньше — в ад.

Последняя история — о самоубийстве бога. Атис во Фригии калечит и убивает себя; Один жертвует собой Одину, самому себе, девять дней вися на дереве, пригвожденный копьем; Христа распинают римские легионеры.

Историй всего четыре. И сколько бы времени нам ни осталось, мы будем пересказывать их — в том или ином виде.

Х. Л. Борхес

На место первой истории мы с легкостью можем поставить любую историю об обороне города (от Севастополя до Брестской крепости) или же, шире, об отстаивании своей точки зрения, своих ценностей. На место второй — любые попытки войти в одну и ту же воду дважды, на место третьей — все то, что можно выразить девизом «Бороться и искать, найти и не сдаваться». Это и поиски пропавшей экспедиции, и попытка найти молодильные яблочки, и даже излюбленный сюжет американских фильмов о девочке/мальчике, которые старались-старались, да и выиграли матч, танцевальный конкурс и стипендию в придачу. Что же касается четвертой истории, то, если отвлечься от богов и всяческой мифологии, это история о самопожертвовании, о цене, заплаченной за победу, которая и после жертвы не утрачивает своей ценности.

Кстати, одним из архетипических, универсальных символов человечества считается дерево как образ мирового древа или древа жизни.

Мировое древо заключает в себе универсальную концепцию мира, которая в той или иной форме зафиксирована почти у всех народов мира. Оно может называться «древом познания», «древом жизни», «древом плодородия», «шаманским деревом», «мистическим деревом», а в действительности является символом оси мира, на котором держится Вселенная. Традиционно считается, что своими корнями мировое древо уходит в подземный мир, верхушкой упирается в небесное царство, а у его ствола располагается мир людей. Мировое древо олицетворяет преемственность поколений, генеалогию, иерархию. У древних скандинавов в качестве мирового дерева выступал огромный ясень Иггдрасиль, в русских заговорах — дуб, кипарис и неведомое дерево карколист. Образ мирового древа встречается в традиционных вышивках, украшает утварь. На современном этапе трехчастная структура дерева используется при построении разнообразных управленческих структур и «вертикалей власти», генеалогического дерева. Кроме того, оно заложено и в человеческой психике: выяснилось, что в определенном возрасте у маленьких детей на рисунках доминируют изображения деревьев.

Учитывая мой сон, мне ни в коем случае нельзя проходить мимо истолкования этого символа. Ведь, если вы помните, мне приснился огромный ясень, причем на его вершине сидел орел (что это, если не символ неба?), между корней свивалась змея (это, совершенно очевидно, имеет отношение к подземному миру), а у самого дерева притулился дом, читай человеческое жилище. Мне кажется, что все это говорит о том, что во сне я увидела мировое древо, причем в таком, я бы сказала, скандинавском виде.

Во-вторых, помимо универсальных символов существуют еще и символы национальные. Если универсальные символы можно сравнить с общечеловеческим языком, то национальные символы — это как бы его диалекты. Именно о различиях таких символов и говорят, когда хотят подчеркнуть разницу в менталитете двух народов.

— Скажите, а почему у вас в России так любят красный цвет? Ведь это же цвет крови и насилия?
— А у нас его исторически считали цветом солнца и праздника. Раньше «красный» значило еще и «красивый».

Из переписки американской студентки и участников форума «Изучаем русский как иностранный»

Эти различия получаются от того, что все народы живут по-разному. Различаться могут климатические зоны, история, культурная традиция, обычаи. Постепенно одни явления приобретают особый статус, другие кажутся менее важными. Эти изменения отражаются и в языке. Так, в русском у нас есть два общепринятых слова для обозначения синих оттенков — «синий» и «голубой», в английском — только одно, а в языках коренных народов Севера — более двадцати. Все эти двадцать слов нужны им для того, чтобы различать оттенки снега, от качества которого зависит выживание в этом суровом климате. Или отношение к солнцу. Для русского человека или того же уроженца Крайнего Севера солнце — это абсолютно положительный символ, но для жителей жарких и засушливых широт все не так однозначно. Они привыкли видеть в солнце не только источник жизни, но и угрозу. Или возьмем наводнение: для большинства из нас разлив реки — это существенная неприятность, но для жителей Древнего Египта разлив Нила означал удобрение почвы илом, а значит, плодородие полей.

В-третьих, символы могут быть и индивидуальными. Такие символы у каждого человека свои, они зависят только от его жизненного опыта, склада характера и привычек. Например, я очень люблю собак, причем собак любых — больших и маленьких, белых, черных и пятнистых. И для меня они символически могут означать только хорошее. Видеть собаку для меня — отличное предзнаменование. В то же время я знаю, что в английских суевериях большая черная собака — это плохая примета и встретить ее не к добру. Если вы покопаетесь в памяти, вы обязательно вспомните ваши собственные символы успеха или, наоборот, неудачи.

ПОПРОБУЙТЕ ВСПОМНИТЬ ВАШИ ИНДИВИДУАЛЬНЫЕ СИМВОЛЫ УСПЕХА И НЕУДАЧИ. ДЛЯ ЭТОГО СОСРЕДОТОЧЬТЕСЬ НА СВОИХ САМЫХ ПОЛОЖИТЕЛЬНЫХ И ОТРИЦАТЕЛЬНЫХ ВОСПОМИНАНИЯХ: ВЫ ДОЛЖНЫ ВЫДЕЛИТЬ ТЕ ПРЕДМЕТЫ ИЛИ ЯВЛЕНИЯ, КОТОРЫЕ ВЫЗЫВАЮТ У ВАС СТОЙКИЕ ПОЛОЖИТЕЛЬНЫЕ И ОТРИЦАТЕЛЬНЫЕ ЭМОЦИИ. ЕСЛИ ВЫ

Когда мой будущий муж впервые признался мне в любви, вокруг нашего дома скосили траву. И теперь запах свежескошенной травы всегда поднимает мне настроение.

Моя подруга Аля

Знаешь, я всегда очень боюсь, когда птицы бьются в окно. И я знаю почему: когда сильно заболела Катька, одна птаха все время стучалась в окно. Мне казалось, будто это человеческая душа...

Коллега по работе

Более всего на свете прокуратор ненавидел запах розового масла, и все теперь предвещало нехороший день, так как запах этот начал преследовать прокуратора с рассвета. Прокуратору казалось, что розовый запах источают кипарисы и пальмы в саду, что к запаху кожи и конвоя примешивается проклятая розовая струя. От флигелей в тылу дворца, где расположилась пришедшая с прокуратором в Ершалаим первая когорта двенадцатого молниеносного легиона, заносило дымком в колоннаду через верхнюю площадку сада, и к горьковатому дыму, свидетельствовавшему о том, что кашевары в кентуриях начали готовить обед, примешивался все тот же жирный розовый дух. О боги, боги, за что вы наказываете меня?

«Да, нет сомнений! Это она, опять она, непобедимая, ужасная болезнь гемикрания, при которой болит полголовы. От нее нет средств, нет никакого спасения. Попробую не двигать головой».

М. А. Булгаков

ЗНАНИЕ СВОИХ ЛИЧНЫХ ИНДИВИДУАЛЬНЫХ СИМВОЛОВ УДАЧИ/НЕУДАЧИ ОЧЕНЬ ПОМОЖЕТ ВАМ ПРИ ТОЛКОВАНИИ СНОВИДЕНИЙ НА ИНОСКАЗАТЕЛЬНОМ УРОВНЕ. ЕСЛИ В ОДНОМ ИЗ ВАШИХ СНОВ ВЫ ВСТРЕТИТЕСЬ СО СВОИМИ СИМВОЛАМИ, ВЫ ВСЕГДА БУДЕТЕ ЗНАТЬ, КАК РАСТОЛКОВАТЬ ИХ.

СВЕРЬТЕ СВОЙ СПИСОК ИНДИВИДУАЛЬНЫХ СИМВОЛОВ С МОТИВАМИ, ВЫПИСАННЫМИ ВАМИ НА БЛАНК СНОВИДЕНИЯ. НЕ ВАРЬИРУЕТ ЛИ ОДИН ИЗ МОТИВОВ ВАШ ИНДИВИДУАЛЬНЫЙ СИМВОЛ? ЕСЛИ ДА, ТО УКАЖИТЕ ЕГО ЗНАЧЕНИЕ НА ПОЛЯХ БЛАНКА.

В отличие от моей подруги Али я ненавижу запах свежескошенной травы, он вызывает у меня, простите, рвотный рефлекс. Но зато я очень-очень люблю запах свежезаваренного кофе, настоящей кожи и деревянной стружки. Такой столярный, свежий запах. Вы понимаете, к чему я веду? Я не просто люблю ясень, я люблю древесину вообще. Поэтому для меня увидеть здоровое сильное дерево во сне — это, несомненно, замечательное предзнаменование. В некотором смысле это мой индивидуальный позитивный символ.

Я думаю из приведенных примеров очевидно, что понимание разными людьми одного и того же символа может не совпадать. Это совершенно нормально.

РАЗНЫЙ ЖИЗНЕННЫЙ ОПЫТ ДИКТУЕТ РАЗНОЕ ПРОЧТЕНИЕ СИМВОЛИЧЕСКИХ ИНОСКАЗАНИЙ, ПОЭТОМУ НИКОГДА НЕ ПЫТАЙТЕСЬ РАСШИФРОВАТЬ СВОЙ СОН, ИСПОЛЬЗУЯ ЧУЖИЕ ТОЛКОВАНИЯ СИМВОЛОВ.

И никогда не забывайте учитывать контекст, в котором вы увидели тот или иной символ. Справедливо говорится, что дьявол кроется в деталях: одно и то же событие может толковаться совершенно по-разному.

Вот, например, возьмем символ огня. Огонь, пылающий в очаге, будет восприниматься нами как символ уюта. Костер, горящий посреди зимнего леса, как надежда на спасение для заблудившегося путника, но тот же огонь, предстающий в образе лесного пожара, — как угроза для жизни. Тесные объятия могут обозначать любовь, заботу и ласку, а могут — контроль и ужасающую несвободу.

ТАКИМ ОБРАЗОМ, ЛЮБОЙ СИМВОЛ — УНИВЕРСАЛЬНЫЙ, НАЦИОНАЛЬНЫЙ ИЛИ ИНДИВИДУАЛЬНЫЙ — ВСЕГДА ДОЛЖЕН ОЦЕНИВАТЬСЯ С ТОЧКИ ЗРЕНИЯ КОНТЕКСТА, В КОТОРОМ ОН СУЩЕСТВУЕТ.

Проблема, однако, состоит в том, что подчас правильно определить существо этого контекста бывает очень сложно, так как очень часто последовательность событий, происходящих во сне, кажется нам удивительно нелогичной. Проще говоря, дурацкой. И как в ней прикажете искать смысл, скажите на милость?

В начале книги я рассказывала историю про юного оболтуса, который, чтобы сдать английский, занялся тренировками памяти и выучил весь англо-русский словарь, но забыл понять правила, по которым в этом иностранном языке строятся фразы. Когда ему пришло время отвечать, он перевел простейшую фразу из учебника так: «Каждое утро старый козел выводил своего отца погулять на широкий берег реки». В этом месте мы с вами весело смеемся и хлопаем в ладоши. Это дурацкое предложение, несмотря на всю его безумную бессмысленность, для нас имеет смысл, потому что мы с вами знаем, так сказать, всю предысторию и предполагаем, измученные жизненным опытом и некоторым знанием английского, что в оригинале значилось нечто вроде: «Каждое утро отец выводил своего старого козла погулять на широкий берег реки». Но что было бы, если бы мы не знали всего этого? Лишенная внешней логики фраза показалась нам какой-то нелепицей.

ПОЭТОМУ ДЛЯ ТОГО, ЧТОБЫ ПРАВИЛЬНО ОПРЕДЕЛИТЬ ЗНАЧЕНИЕ СИМВОЛА, НУЖНО ПРАВИЛЬНО ОПРЕДЕЛИТЬ ЗНАЧЕНИЕ КОНТЕКСТА, А ДЛЯ ЭТОГО, В СВОЮ ОЧЕРЕДЬ, НУЖНО ЗНАТЬ ПОДОПЛЕКУ ПРОИСХОДЯЩИХ СОБЫТИЙ.

Спешу вас порадовать: современная психология давным-давно придумала способ, как это сделать с минимальными затратами сил. Встречайте: метод свободных ассоциаций.

Метод свободных ассоциаций

Г а м л е т. Вы видите вон то облако, почти что вроде верблюда?

П о л о н и й. Ей-богу, оно действительно похоже на верблюда.

Г а м л е т. По-моему, оно похоже на ласточку...

П о л о н и й. У него спина, как у ласточки.

Г а м л е т. Или как у кита?

П о л о н и й. Совсем как у кита.

У. Шекспир

По большому счету, метод свободных ассоциаций исходит из того, что все, что мы увидели во сне, бесконечно важно и значимо потому, что даже самая мелкая несущественная деталь может объяснить картину, казавшуюся до этого времени совершенно непонятной. Благодаря этому методу можно не только пройти по всем этажам вашего подсознательного, но и заглянуть «на чердак» и «в подвал» вашей интуиции, обнажив все то, что неясно бодрствующему сознанию.

В чем-то метод свободных ассоциаций схож с гипнозом, под воздействием которого можно вспомнить даже то, что ты давным-давно успел позабыть, однако здесь не нужно погружать человека в транс. Несмотря на такой облегченный вариант работы с подсознанием, этот способ выцарапывания нужных сведений у нашего мышления чрезвычайно эффективен. Так, К. Юнгу в свое время удалось таким образом вывести на чистую воду двух человек, которых подозревали в воровстве. Эта удача не случайна. В некотором смысле расследование преступления и толкование сновидений очень похожи. Ведь наше сновидение подкидывает нам зашифрованные символами сведения не хуже матерого преступника, снабжающего сыщика уликами. И опытные сыщики не раз пользовались этим приемом. Вот как это сделал Эркюль Пуаро. Ему предстояло расследовать историю загадочной смерти немолодого сквайра, погибшего предположительно от кровоизлияния, так как практически никаких следов внешнего воздействия на тело найдено не было. Узнав, что вечером накануне несчастного случая со сквайром и его женой обедал некий молодой офицер Блэйк, бывший проездом в Англии, Пуаро решил допросить важного свидетеля с помощью метода свободных ассоциаций.

— С вашего разрешения я проведу маленький эксперимент. Вы рассказали все, что смогли вспомнить, — все, что находится, так сказать, в вашем сознании. А теперь я хотел бы задать несколько вопросов вашему подсознанию.

— Что-то вроде сеанса психоанализа? — спросил Блэйк с некоторым беспокойством.

— О нет! — поспешил успокоить его Пуаро. — Знаете, это очень просто. Я буду произносить слово, а вы — первое, что взбредет на ум.

— Ну что ж, — нехотя согласился Блэйк.

— Записывайте, пожалуйста, слова, Гастингс, — сказал Пуаро. — Начнем: день.

После секундной паузы Блэйк ответил:

— Ночь.

Затем его ответы стали быстрее.

— Имя Бернард, фамилия? — сказал Пуаро.

— Шоу.

— Вторник.

— Обед.

— Путешествие.

— Судно.

— Страна.

— Уганда.

— Рассказ.

— Львы.

— Мелкокалиберка.

— Ферма.

— Выстрел.

— Самоубийство.

— Слон.

— Бивни.

— Деньги.

— Адвокат.

Молодой офицер посмотрел на него с любопытством и, вставая, вытер пот со лба.

— Ну что же, mon ami, вы все наверняка поняли сами, — с улыбкой сказал Пуаро, когда дверь за Блэйком закрылась. — Не так ли?

Я в недоумении покачал головой.

— Тогда слушайте. С самого начала Блэйк отвечал уверенно и без колебаний, из чего можно заключить, что ему нечего скрывать. «День» и «ночь», «имя» и «фамилия» — совершенно обычные ассоциации. Самое существенное начинается со слова «Бернард». Это имя должно было напомнить ему здешнего врача, если бы он знал его. Но он его явно не знал. Дальше он сказал в ответ на мой «вторник» — «обед», но на слова «путешествие» и «страна» ответил «судно» и «Уганда», что ясно показывает, насколько важна была для него поездка, от которой пришлось отказаться, чтобы приехать сюда. «Рассказ» напомнил ему об одной истории про львов, которую он поведал за столом. Я продолжил «мелкокалиберка», а он совершенно неожиданно ответил «ферма». Когда я сказал «выстрел», он ответил «самоубийство». Ассоциации, кажется, ясны. Какой-то человек, которого он знал, покончил с собой где-то на ферме при помощи мелкокалиберного ружья. Он явно все еще вспоминает истории, которые рассказывал за обедом. Думаю, вы не будете возражать, если я сейчас приглашу его снова и попрошу рассказать нам историю про самоубийство. Думаю, моя гипотеза скоро подтвердится.

Блэйк был совершенно откровенен.

— За обедом я действительно рассказывал о том, как один мой знакомый на ферме выстрелил из мелкокалиберки себе в рот, пуля прошла в мозг и осталась там. Врачи были в полной растерянности — на теле не было никаких ран, только немного крови на губах. Но в чем, собственно...

— В чем, собственно, тут связь с делом мистера Мальтраверса? Вы разве не знаете, что рядом с ним нашли мелкокалиберку?

— Полагаете, что моя история натолкнула его на эту мысль? Как это ужасно!

А. Кристи

Разумеется, после этого допроса было проведено повторное исследование тела: в нем нашли дробь, и злодейка жена была торжественно осуждена. Без использования свободных ассоциаций молодой офицер вряд ли бы вспомнил об одной из малозначительных историй, которую он рассказал за ужином и которая спровоцировала убийство.

Теперь давайте попробуем сыграть в метод свободных ассоциаций с нашими снами примерно так же, как это сделал самый знаменитый бельгийский детектив.

Для этого нам нужно будет соблюсти несколько простых правил.

Как объяснять символы по методу свободных ассоциаций

1. Прежде чем начать заниматься со своими снами по методу свободных ассоциаций, выберите время и место, когда вы сможете полностью отвлечься от всех внешних факторов. В противном случае порождаемые вами ассоциации могут быть связаны не с событиями сна, а с тем, что творится около вас.

2. Занимайтесь поиском ассоциативных связей только «на свежую голову». Ученые доказали, что на фоне усталости наши способности к ассоциативному мышлению снижаются на 40% и примерно на треть возрастает число немотивированных ассоциаций.

3. Начните с того, что просто вспомните свой сон, не расчленяя его на отдельные мотивы. Почувствуйте его атмосферу, если можно так выразиться, ощутите его послевкусие. А затем попробуйте в нескольких словах выразить его сущность. Проще говоря, придумайте ему название. При этом не

пробуйте подобрать правильные слова, используйте то, что в первую очередь пришло вам в голову.

Как это делаю я

Лично я озаглавила свои «ясеневые» сны как «В поисках древа». Не спрашивайте меня, почему именно «в поисках». Я не знаю. Просто мне так пришло в голову, и все. Не более и не менее. Мне почему-то показалось, что я не просто иду или лечу к этому треклятому дереву — я его ищу. И каждый раз оно демонстрирует мне какую-то новую, пока еще непонятную мне ипостась. Почему «древо»? Хм. Ну, наверное, потому, что просто «ясень» или просто «дерево» для этого великана было бы слишком уничижительно. Во всяком случае, мне так тогда показалось. Кстати, я очень пожалела, что не додумалась дать своему сну название раньше — избавила себя бы от большого количества бесплодных размышлений. Как только я дала своему сну название, я поняла, что речь в нем идет о каких-то общих, универсальных символах. Некоторое количество времени, проведенное наедине со справочниками, — и я знаю о существовании мирового древа, которое, как земная ось, пронзает собой весь мир.

4. Затем возьмите в руки ваш бланк записи сновидений и перескажите сами себе весь ход вашего сновидения. Но не просто расскажите, а расскажите в ассоциативном ключе. То есть тщательно проговаривайте все ассоциации, возникающие у вас в отношении той или иной детали сновидения. Для того чтобы не сбиться, можно подглядывать в бланк с записями мотивов сновидений и помечать

карандашом напротив каждого мотива всплывающие ассоциации. Старайтесь быть максимально честными с самим собой и не пугайтесь даже самых глупых и постыдных ассоциаций. Зигмунд Фрейд подробно описал, как это делать правильно.

То, что вы расскажете мне, должно в одном отношении отличаться от обычной беседы. Как правило, вы стараетесь провести связующую нить через все ваши рассуждения и исключаете побочные мысли, второстепенные темы, которые могут у вас возникнуть, чтобы не отойти слишком далеко от сути. Однако сейчас вы должны действовать иначе. Вы заметите, что в ходе рассказа будут появляться различные мысли, которые вы хотели бы отложить в сторону из-за критического к ним отношения и потому, что они возбуждают возражения. Вы будете испытывать желание сказать себе, что то и иное не относится к делу, или совершенно неважно, или бессмысленно и потому нет необходимости об этом говорить. Вы никогда не должны поддаваться этой критической установке, наоборот, несмотря на нее, вы должны сказать это именно потому, что чувствуете отвращение к этому. Позднее вы увидите и научитесь понимать причину этого единственного предписания, которому следует следовать. Так что говорите все, что бы ни пришло вам в голову. Действуйте так, как будто вы путешественник, сидящий у окна вагона и описывающий кому-то, находящемуся в глубине купе, сменяющиеся виды. И наконец, никогда не забывайте, что вы обещали быть абсолютно честным, и ничего не исключайте из-за того, что по той или иной причине об этом рассказывать неприятно.

З. Фрейд

Как это делаю я

Во снах я чаще всего — птица. Я хищник, я сокол, и ветер поет в моих крыльях, как в тетиве лука...

Что для меня полет сокола: свобода, независимость, неудержимость, одиночество.

Мой дом, мое гнездо, мой оплот где-то в скалах, где свивают в спираль свои порывы дикие ветры. Ветер южный пахнет дождем, ветер западный — морем, зато северный — горячей кровью и льдом. И я всегда устремляюсь на север.

Что для меня ветер: я люблю ветреную погоду больше, чем солнечную, теплую или какую-то еще. Я люблю гулять, когда ветрено. Мне лучше думается. Самые лучшие решения приходят ко мне именно во время таких прогулок.

Что для меня: Север... Меня всегда завораживает север, больше, чем запад (слишком цивилизованно), юг (жарко), восток (слишком экзотично и слишком сейчас модно). Если бы я не была скована зарплатой, графиком отдыха и желаниями-хотениями своих близких, я бы рванула именно на север. Мне там хорошо.

Там хмурое небо давит на свинцовое море, а само оно волчьей пастью вгрызается в скалистый берег.

Что для меня такой пейзаж: моя мама с севера, моя бабушка — северянка, в раннем детстве я жила на берегу Кольского залива, в Заполярье. Я почти не помню это место — только то, что там сияло небо огоньками и я все пыталось дотянуться до неба рукой. Это — пейзаж моего детства, как я его представляю.

Там, где-то там вонзается в каменистую землю гигантский ясень, по которому неутомимо скачет рыжая белка, и я знаю, что имя ей Рататоск.

Что для меня ясень: я люблю деревья и запах древесины, а из всех наших деревьев меня научили более всего любить ясень за его крепость и красоту. Ясень для меня — сила и красота, именно так. Я люблю английскую песню-считалочку про дуб, терновник и ясень. Что-то в ней меня пленяет.

Дуба листва была жива до бегства Энея из Трои,
Ясеня ствол в небеса ушел,
　　　　　когда Брут еще Лондон не строил,
Терновник из Трои в Лондон попал
　　　　　　　и каждый с этим согласен —
Прежних дней рассказ
Сохранили для нас
Дуб, терновник и ясень...
И путник любой, искушенный судьбой,
Знает, где сон безопасен,
И прервав дальний путь,
Ляжет он отдохнуть,
Под терновник, дуб или ясень.

Р. Киплинг

Деревья для меня — и ясень как одно из самых любимых — это еще и мудрость поколений. Когда я смотрю на годовые кольца, то мне чуточку страшно, что вот это кольцо образовалось в год, когда отменили крепостное право, это — свидетель страшного лесного пожара, а вот это помнит революцию. Большие мощные деревья вызывают во мне ощущение безопасности, «крыши» над головой. В грозу мне приходится уговаривать себя, чтобы не прятаться под крону. Да, деревья для меня — это мудрость и безопасность.

На вершине расправляет крылья огромный орел, у подножья свернулось кольцом змеиное тело, а олень щиплет молодую листву...

Что для меня эти животные: орел у меня ассоциируется с властью, имперской силой, могуществом. Символ мощи, в общем. Змей я боюсь. В принципе. К оленям равнодушна, один раз, правда, мне пришлось кормить оленя с руки хлебом с солью в заказнике. Очень понравилось. Чувствовала себя такой чрезвычайно мудрой «кудесницей леса Олесей», тем более что у меня на шее были коралловые бусы. Иногда мне хотелось бы быть лесной отшельницей, жить в маленькой сторожке на краю леса и кормить оленей с руки а-ля Белоснежка. Но, полагаю, семь гномов — это лишнее. Мне бы вполне хватило одного помощника по хозяйству, а то вечно у меня дома так, как будто там обыск уже был...

Порою у его подножия находится длинный деревянный дом, сложенный из бруса, с низко нависающей двускатной крышей, около которого пасется коза.

Что для меня этот дом: я же говорю: я хотела бы иметь маленький симпатичный домик на лоне природы, без засилья дачников с их гамаками, грядками, насосами, бадминтоном. Я, честно говоря, устала от нашего городского коллективного улья, куда ни пойди, все лица, лица... Озабоченные, спешащие, торопящиеся зарабатывать деньги. Еще больше денег. В этом калейдоскопе невозможно остановиться даже на минутку, поразмышлять, просто бездумно полюбоваться на то, что тебя окружает. Да и окружает-то что? Однотипные коробки, одинаковая мебель. В этих вещах нет истории, они по большей части не вызывают воспоминаний. Нет, я не хочу так жить. Я хочу, чтобы все, что меня окружает, имело бы свой смысл, свое особое значение...

В другой раз вместо старого дома у корней ясеня я вижу источник, бьющий из корней, и трех женщин у него. Они не молоды и не стары, и у них мое лицо.

Что это для меня: я люблю воду, люблю на нее смотреть. Тут то же, что и с ветреной погодой, лучше всего мне думается, когда я смотрю на воду. У меня и над рабочим столом всегда висит плакат с изображением неспокойного моря. Я люблю прикалывать к нему бумажки-памятки: «сделать то», «не забыть это». Сейчас, кстати, у меня висит заказ на крупный проект. Нужно застать на месте гендиректора одной фирмы, но он прямо-таки неуловим. Утекает от меня как вода сквозь пальцы. Позвонить, что ли, моему шефу, чтобы он как-то попробовал на него выйти... Что же касается трех женщин, то у меня они ассоциируются с моей семьей, долгое время мы жили так: я, мама и бабушка. Три женщины, три поколения. Женское царство.

А иногда — и это пугает меня больше всего — мне кажется, что под корой древнего ясеня белеет человеческая кость. Тогда я слышу, как на вершине царственный орел полощет крыльями, а откуда-то издалека доносится конское ржание и звяканье конской упряжи.

Что это для меня: мне всегда казалось, что деревья — они живые. Не так как, как это описано в учебнике, а так, будто они живые, мыслящие существа, имеющие свои чувства и знания. В общем, в моем понимании дерево — это почти что человек, только необычный. Конское ржание и звяканье сбруи у меня всегда ассоциируется с военными сборами. Армия собирается в поход, ржут кони, звякают стремена, полковая труба объявляет сбор.

5. Внимательно перечитайте бланк с записями. Отметьте про себя повторяющиеся ассоциации. Именно они укажут вам на тайное значение вашего сна. На основании найденных ассоциаций воссоздайте иносказательный пласт толкования.

Вот как это выглядело в моем случае:

Дата: 21.06. XX				«В поисках древа»
Стихотворения, высказывания, связные фразы: *Рататоск*				
Место и время действия во сне (экспозиция): *Во снах я чаще всего — птица. Я хищник, я сокол, и ветер поет в моих крыльях, как в тетиве лука... Мой дом, мое гнездо, мой оплот где-то в скалах, где свивают в спираль свои порывы дикие ветры. Ветер южный пахнет дождем, ветер западный — морем, зато северный — горячей кровью и льдом. И я всегда устремляюсь на север. Там хмурое небо давит на свинцовое море, а само оно волчьей пастью вгрызается в скалистый берег*				**Ассоциации:** *свобода, независимость, неудержимость, одиночество, размышление, созерцание, из детства, отпуск на Севере*
Цветной / Черно-белый?	Реалистичный / Алогичный?	Звуки, запахи, ощущения?	Я чувствовала себя...	Время двигалось / было статичным?
Цветной	*Алогичный*	*Запах моря, ощущение полета*	*Прекрасной, воодушевленной*	*Двигалось*

Мотив № 1. *Там, где-то там вонзается в каменистую землю гигантский ясень, по которому неутомимо скачет рыжая белка, и я знаю, что имя ей Рататоск.*			**Ассоциации**: сила, красота, мудрость поколений, защита, безопасность	
Цветной / Черно-белый?	Реалистичный / Алогичный?	Звуки, запахи, ощущения?	Я чувствовала себя...	Время двигалось / было статичным
Цветной	*Алогичный*	*Запах леса*	*Спокойно*	*Замерло*
Мотив № 2. *На вершине расправляет крылья огромный орел, у подножья свернулось кольцом змеиное тело, а олень щиплет молодую листву...*			**Ассоциации:** *мощь, сила, власть, жить в лесу, безлюдно, можно спокойно подумать*	
Цветной / Черно-белый?	Реалистичный / Алогичный?	Звуки, запахи, ощущения?	Я чувствовала себя...	Время двигалось / было статичным
Цветной	*Реалистичный*	*Запах леса*	*Спокойно, как дома*	*замерло*
Мотив № 3. *Порою у его подножия находится длинный деревянный дом, сложенный из бруса, с низко нависающей двускатной крышей, около которого пасется коза*			**Ассоциации:** *хочу домик на природе, без дачников, надоела суета вокруг и безликие вещи*	
Цветной / Черно-белый?	Реалистичный / Алогичный?	Звуки, запахи, ощущения?	Я чувствовала себя....	Время двигалось / было статичным
Цветной	*Реалистичный*	*Пахнет лесом и свежим воздухом*	*Спокойной, отдохнувшей*	*Как будто замерло на время*
Мотив № 4. *В другой раз вместо старого дома у корней ясеня я вижу источник, бьющий из корней, и трех женщин у него. Они не молоды и не стары, и у них мое лицо.*			**Ассоциации:** *вода, творчество, размышления, работа, надо решить рабочую проблему, которая не решается, моя семья*	

Цветной / Черно-белый?	Реали-стичный / Алогич-ный?	Звуки, запахи, ощуще-ния?	Я чувствовала себя...	Время дви-галось / было ста-тичным
Цветной	*Алогичный*	*Пахнет лесом и свежим воздухом*	*Спокойной, отдо-хнувшей*	*Как будто замерло на время*

Мотив № 5. А иногда — и это пугает меня больше всего — мне кажется, что под корой древнего ясеня белеет человеческая кость. Тогда я слышу, как на верши-не царственный орел полощет крыльями, а откуда-то издалека доносится конское ржание и звя-канье конской упряжи.			**Ассоциации:** *мудрый человек, сокры-тое знание, сборы в дорогу*	
Цветной / Черно-белый?	Реали-стичный / Алогич-ный?	Звуки, запахи, ощуще-ния?	Я чувствовала себя...	Время дви-галось / было ста-тичным
Цветной	*Алогичный*	Пахнет лесом и свежим воздухом	В ожидании	Как будто замерло на время

6. Выписывая свои ассоциации, постарайтесь при-дать им форму законченного рассказа, каким бы нелепым он ни выходил. Очень часто информация, которая поступает нам по каналам сновидений ка-жется нам совершенно невразумительной. Библей-скому Иосифу тоже пришлось истолковывать сны, в которых фигурировали коровы и корзины с хле-бами.

Как бы это сделала я:

Выписала все свои ассоциации: «В поисках дре-ва» — свобода, независимость, неудержимость, одиночество, размышление, созерцание, из детства, отпуск на Севере, сила, красота, мудрость поколений, защита, безопасность, мощь, сила, власть, жить в лесу, безлюдно, можно спокойно подумать, хочу домик на природе, без дачников, надоела суета вокруг и безликие вещи, вода, творчество, размышления, работа, надо решить рабочую проблему, которая не решается, вода, творчество, размышления, мудрый человек, сокрытое знание, сборы в дорогу.

Распределила по тематическим группам и озаглавила каждую словом, которое точнее всего отражает ее:

Раздражает: *надоела суета вокруг и безликие вещи, надо решить рабочую проблему, которая не решается, работа.*

Хочу: *отпуск на Севере, жить в лесу, безлюдно, можно спокойно подумать, хочу домик на природе, без дачников, вода, творчество, размышления.*

Стремлюсь: *свобода, независимость, неудержимость, одиночество, размышление, созерцание; красота, мудрость поколений, защита, безопасность, мощь, сила, власть, мудрый человек, сокрытое знание; сборы в дорогу.*

И наконец, составила связное толкование, основанное на выделенных мною мотивах: *Последнее время я стала уставать от окружающей меня действительности — нерешенных проблем на работе, суеты, общения с людьми и жизни в большом городе. Подсознательно я хочу уехать в отпуск куда-то на Север, потому что в детстве мне когда-то было там хорошо, или обзавестись домиком в безлюдной местности на лоне природы, чтобы иметь возможность и полную свободу в одиночестве переосмыслить свою жизнь.*

Моим творческим способностям тоже нужна «под-
питка» красотой, которую я могу получить благодаря
созерцанию. Подспудно я нуждаюсь в наставлении
мудрого, сильного и властного человека, который
поможет обрести мне внутреннюю защищенность и
получить мудрость поколений.

7. Иногда наше сновидение не имеет определенно-
го сюжета: нам снится всего лишь какой-то предмет или явление. В таком случае сложно создать
мини-рассказ: толкование построено на свободных
ассоциациях, но это не значит, что метод не работает, — просто нужно применить немного другую
тактику.

Первым делом нужно определить, к какой сфере
жизни относится это сновидение. Для этого быстро
запишите те три-четыре сферы жизни, которые наиболее важны для вас в настоящее время. Это могут
быть отношения с детьми, отношения с родителями,
материальное благополучие, собственная привлека-
тельность, работа, здоровье и т. п. После этого у каж-
дой выбранной вами сферы жизни напишите первую
пришедшую вам в голову ассоциацию с тем предме-
том или явлением, которое вы увидели во сне.

Предположим, вам приснились зубы. В последнее
время вас более всего беспокоят неприятности на
работе (например, вы не успеваете вовремя сдать
отчет) и тревожитесь за свое материальное благополучие. Кроме того, у вас осложнились отношения
с детьми. Поэтому вы подсознательно выписываете
три особенно важные для вас сферы жизни:

Работа

Деньги

Конфликты с детьми

Пишете рядом с ними приснившееся:

Работа — зуб.

Деньги — зуб.

Конфликты с детьми — зуб.

И добавляете свои ассоциации:

Работа — зуб — вырвать больной зуб.

Деньги — зуб — положить зубы на полку.

Конфликты с детьми — зуб — зубы мудрости.

Думаю, после того, как вы перечитаете последовательность своих ассоциаций, вы быстро поймете, куда ветер дует.

Фигурально выражаясь, незаконченное дело на работе раздражает вас, как больной зуб, который нужно вырвать, а страшно. Иначе вы рискуете — а это вас пугает — положить зубы на полку. Кроме того, вас раздражает, что в конфликтах с детьми вы не проявляете должной мудрости. Это не считая того, что вам на самом деле бы не помешало сходить к стоматологу на профилактический осмотр, а вдруг у вас и в самом деле кариес скоро перерастет в пульпит?

В идеале все части этой головоломки должны прийти в движение и составиться в изящное и логическое решение. Но, к сожалению, как мы знаем, идеально получается совсем не так часто, как хотелось бы. (Более того, когда «идеально» получается слишком часто — это тоже повод насторожиться.) Сложности, как правило, подстерегают нас тогда, когда мы изо всех сил пытаемся найти в своих глубинах свободные ассоциации на все случаи жизни. Порою это сложно.

Порою это очень сложно. Порою это очень сложно даже тем, кто много и упорно тренировался.

Поэтому скажу правду: когда у меня возникает очередной «затык» при поиске ассоциации для какого-то явления в бессюжетном сновидении, я бессовестно пользуюсь помощью коллективного интеллекта — открываю словарь ассоциаций или запускаю соответствующий сайт в интернете. Главное, не увлекаться и во всем знать меру, чтобы потом не спутать свои индивидуальные символы с, так сказать, «ширпотребом».

— Хотите чувствовать себя лучше — исключите жирное и сладкое. Соленого тоже не есть.
— Доктор, доктор, а селедочку тоже нельзя?
— Если от головы до хвоста, то нельзя. А если, прикрыв глаза и деликатно отвернувшись, вилочкой один кусочек, то можно.

Диалог в больнице во время профессорского обхода

«ПСИХОЛОГИЧЕСКИЙ» АСПЕКТ (ИЛИ УРОК ШЕСТОЙ)

> Сны — это язык, на котором говорит с нами Господь. Когда это один из языков мира, я могу перевести с него. Но если Господь обращается к тебе на языке твоей души, он будет внятен тебе одному.
>
> *П. Коэльо*

О чем же говорит нам в иносказательной форме сновидение? Как правило, о тайниках нашей души и тех психологических проблемах, которые волнуют нас именно сейчас. Очень часто мы можем не сознавать их, пока мы бодрствуем, но вот мы засыпаем, и они приходят к нам на мягких лапах сновидений, радостные или пугающие, веселые или грустные. Но какими бы они ни были, сны помогают не только осознать психологическую проблему, но и найти пути ее решения. Сновидения подсказывают нам, что стоит изменить в нашей жизни, чтобы она стала еще лучше, чем прежде. В этом и состоит психологический, или моральный, аспект толкования сновидений.

ЛЮБЫЕ СНОВИДЕНИЯ МОЖНО ИСПОЛЬЗОВАТЬ ДЛЯ ВЫЯВЛЕНИЯ ИЛИ РЕШЕНИЯ ЛИЧНОСТНЫХ ПРОБЛЕМ.

Разумеется, все люди разные, а значит, и психологические проблемы у них тоже разные. Поэтому предложить одно-единственное толкование, устраивающее всех без исключения, невозможно. Однако это совсем и необязательно. Благодаря методике, изложенной в прошлой главе, мы научились выявлять свой собственный иносказательный пласт толкования и, по большому счету, близко подошли к психологическому толкованию, потому что любое иносказание в сновидении так или иначе говорит о состоянии нашей души.

Например, возьмем расшифровку моего сна:

Последнее время я стала уставать от окружающей меня действительности — нерешенных проблем на работе, суеты, общения с людьми и жизни в большом городе. Подсознательно я хочу уехать в отпуск куда-то на Север, потому что в детстве мне когда-то было там хорошо, или обзавестись домиком в безлюдной местности на лоне природы, чтобы иметь возможность и полную свободу в одиночестве переосмыслить свою жизнь. Моим творческим способностям тоже нужна «подпитка» красотой, которую я могу получить благодаря созерцанию. Подспудно я нуждаюсь в наставлении мудрого, сильного и властного человека, который поможет обрести мне внутреннюю защищенность и получить мудрость поколений.

По ней совершенно очевидно, что она отражает мое внутреннее состояние — усталость от постоянного общения, проблемы на работе и отсутствие источников для вдохновения. Но одновременно мое сновидение подсказывает и возможные варианты решения проблемы — *отдых на природе, поездка на*

Север, созерцание природы, поиск мудрого и сильного союзника.

Или, положим, сон, приснившийся мужу коллеги:

Мне вдруг приснилось, что я стою на обочине и вижу, как мимо меня проносятся автомобили. В одном из них за рулем моя жена. Она несется по шоссе на большой скорости. Я кричу, чтобы ее остановить, но ничего не могу поделать. Потом мечусь вокруг разбитой машины и с ужасом думаю, что я буду говорить нашему маленькому сыну. Я в ужасе просыпаюсь.

Муж коллеги

Тут надо пояснить, что муж безумно любит мою коллегу: скучает во время ее командировок, ревнует ко всякому фонарному столбу, а кроме того, его предыдущие серьезные отношения кончились расставанием. Важно и то обстоятельство, что моя подруга — заядлая автомобилистка и недавно сменила машину на новую. Что же мы получаем в сухом остатке? Мы получаем полную картину страхов ее мужа, в которой боязнь ее потерять занимает лидирующую позицию. Также очевиден и страх перед новой необкатанной машиной. Что же необходимо предпринять? Если со страхом потери близкого человека должны работать психологи, то вот об обкатке машины можно вполне позаботиться самостоятельно. Например, позаниматься на специальном автодроме или отрепетировать действия во внештатной ситуации.

ДЛЯ ТОГО ЧТОБЫ ПРАВИЛЬНО ПОНЯТЬ ПСИХОЛОГИЧЕ-СКИЙ СЛОЙ СНОВИДЕНИЯ И РАСШИФРОВАТЬ ПОДСКАЗКУ БЕССОЗНАТЕЛЬНОГО, НУЖНО ОБЯЗАТЕЛЬНО УЧИТЫВАТЬ ОСОБЕННОСТИ ЛИЧНОСТИ СНОВИДЯЩЕГО, ЕГО СТРАХИ И ВОЛНЕНИЯ.

Сложность, однако, в том, что это довольно непросто сделать. Особенно если дело касается нас самих. В глазах других людей мы прекрасно видим и соринку, в своих бревна не замечаем. Мы так привыкли к самим себе, так научились не замечать свои достоинства или недостатки (тут, как говорится, возможны варианты!) и оправдывать себя там, где нам хочется себя оправдать, что узнать себя самих в психологическом зеркале нам бывает довольно трудно.

Приведу красочный пример.

На старшие классы нашей школы пришлось повальное увлечение всевозможными психологическими тестами. Их составляли собственноручно, вырезали из газет и журналов, переписывали от руки. Мы с подругами тоже не прошли мимо этого развлечения. Так вот, в одном из тестов требовалось оценить собственную аккуратность по школе *очень аккуратна — преимущественно аккуратна — неаккуратна — неряха*. Моя подруга, нервно сглотнув и зажав в дрожащих пальцах карандаш, решительно подчеркнула *неряха*. Глаза всех остальных участниц тут же приобрели до чрезвычайности круглую форму. Дело в том, что *неряха* имела обыкновение ежедневно мыть пол во всей квартире и каждую неделю — окна, складывать носки по цветам, пересыпать сахар в сахарницу ложечкой, а в ее уборной можно было ослепнуть от сияния отдраенного фаянса. Но, видите ли, она не считала себя чистюлей...

Разумеется, можно обратиться за помощью к друзьям и знакомым, чтобы они пролили свет на особенности нашей личности. Однако тут тоже есть подводные камни. И самый главный подводный риф — это то обстоятельство, что наши друзья тоже люди со всеми вытекающими. У каждого из них свой характер, свой особенный жизненный опыт, ценности и предпочтения. И понятное дело, оценивать вас они будут, основываясь на всех этих факторах. Как эти оценки будут разниться, не трудно догадаться, почитав любой спор о той или иной исторической фигуре. Что уж говорить о нас, простых смертных?

Наш школьный учитель по математике всегда учил применять нас простое правило для определения умственных способностей учеников и учителей.
— Если в журнале двойки по горизонтали, — говорил он, — то это ученик дурак. А если по вертикали — учитель.

Из школьного опыта

ПРИ ОЦЕНКЕ СОБСТВЕННОЙ ЛИЧНОСТИ СТАРАЙТЕСЬ СОБЛЮДАТЬ РАЗУМНЫЙ БАЛАНС МЕЖДУ ПРЕДСТАВЛЕНИЕМ О СЕБЕ И МНЕНИЕМ ВАШИХ ДРУЗЕЙ О ВАС.

Если один из ваших друзей считает, что вы вспыльчивы, то это ничего не значит. Но вот если все ваши друзья думают так же, то это повод присмотреться к себе. Чем черт не шутит, может, вы от любого огонька взрываетесь, как петарда китайского производства?

ЕЩЕ ОДИН СПОСОБ ОПРЕДЕЛИТЬ ОСОБЕННОСТИ ВАШЕЙ ЛИЧНОСТИ — ВОСПОЛЬЗОВАТЬСЯ ТЕСТАМИ ДЛЯ ВЫЯВЛЕНИЯ РАЗЛИЧНЫХ ПСИХОЛОГИЧЕСКИХ ЧЕРТ.

Это в целом удобно, однако, выбирая тест по себе, следите за тем, чтобы это была более-менее серьезная разработка, а не шуточный тест-однодневка (вроде «Определи, какое ты дерево»), которые в изобилии встречаются в интернете.

ВСЕ ХОРОШИЕ ТЕСТЫ ОТЛИЧАЮТСЯ, КАК ПРАВИЛО, БОЛЬШИМ КОЛИЧЕСТВОМ ВОПРОСОВ. ЭТО ДЕЛАЕТСЯ ДЛЯ ТОГО, ЧТОБЫ ОПРЕДЕЛИТЬ СКРЫТУЮ ШКАЛУ ЛЖИ. КАК БЫ НИ БЫЛО ИСКАЖЕНО ВАШЕ ПРЕДСТАВЛЕНИЕ О САМОМ СЕБЕ, ШКАЛА ЛЖИ ПОЗВОЛИТ ОПРЕДЕЛИТЬ ЯВНУЮ НЕПРАВДУ.

Со своей стороны, я хочу предложить вам маленький тест, который позволит прояснить некоторые особенности вашего восприятия, которые в дальнейшем помогут вам правильно токовать ваши сновидения. Сразу хочу предупредить, что этот тест не может считаться стопроцентно надежным или всеобъемлющим. Он прояснит нам некоторые моменты, не более того. Но очень важные моменты.

Тест

1. Считаете ли вы себя хорошим человеком?
2. Это качество присуще вам от рождения или вы считаете себя хорошим/плохим благодаря каким-то поступкам?
3. Считают ли вас хорошим человеком люди, которые вас окружают?

4. Считают ли они вас таким в силу каких-то ваших поступков или это безусловная любовь? Почему вы так думаете?

5. Считаете ли вы, что мир основан на случайностях или в нем есть определенная закономерность?

6. Планируете ли вы все свои дела заранее или полагаетесь на стечение обстоятельств?

7. Любите ли вы новизну во впечатлениях или предпочитаете проверенные рецепты?

8. Вам нравятся непредсказуемые люди?

9. Вы всегда доделываете все дела, которые начали? Или, если у вас не получается, предпочитаете бросить все и заняться чем-то новым?

Постарайтесь ответить на вопросы этого теста как можно более честно — не скрывайте правду от самих себя. А ответив, внимательно перечитайте то, что получилось. Если вы отвечали максимально откровенно, то благодаря своим ответам вы поймете некоторые свои особенности.

Так вопросы 1—4 затрагивают зону самооценки. Человек с нормальной самооценкой уверен в том, что он является хорошим человеком от природы и не должен все время подтверждать ее какими-то поступками (последнее мнение присуще неуверенным в себе людям). В то же время он полагает, что окружающие не склонны любить его абсолютно безусловно, — это удел личностей с завышенной самооценкой.

Вопросы 5—9 затрагивают зону контроля. Люди, которые считают, что мир основан на тех или иных закономерностях, любят доводить дело до конца, чураются непредсказуемых людей и не любят новизны, склонны контролировать все сферы своей жизни. Этот контроль является одним из важнейших качеств, определяющих личность таких людей, — он позволяет им подчинять себе собственную жизнь и бороться за высокие достижения и одновременно является источником повышенного стресса. Ведь если что-то пойдет не так, то им будет сложно отказаться от задуманного, и это может отразиться на их снах. Таким образом, зона контроля напрямую связана с зоной самооценки.

Нормальное функционирование этих зон чрезвычайно важно для нашего психологического здоровья. Сбой в одной из этих зон приводит к общему дискомфорту и иногда, как следствие, к ярким тревожащим сновидениям, которые сами по себе должны восприниматься как предупреждение.

Сны зоны контроля

> Господа! Слыхали ли вы когда-нибудь про человека, который ругал солнце за то, что оно не хотело зажечь его сигарки?
>
> *Т. Кардейль*

Человеку свойственно пытаться контролировать свою жизнь и все происходящее вокруг. Изо дня в день мы строим планы, намечаем цели, добиваемся их достижения, тем самым получая социальное признание и, чего уж скрывать, всякие маленькие приятные пустячки, символизирующие наше материальное благополучие и защищенность. Всего этого было бы трудно добиться, если бы мы считали, что наша жизнь нам не принадлежит. Ведь если на будущее не повлиять, то зачем тогда бороться за выживание и успех?

Таким образом, контроль над всем и вся — это один из вариантов психологической защиты современного человека. Именно он заставляет нас чувствовать ответственность за все происходящее и одновременно испытывать иррациональное чувство вины, если что-то вдруг пошло не так, как мы планировали.

> Я знаю, никакой моей вины
> В том, что другие не пришли с войны,
> В том, что они — кто старше, кто моложе —
> Остались там, и не о том же речь,
> Что я их мог, но не сумел сберечь, —
> Речь не о том, но все же, все же, все же...
>
> *А. Твардовский*

Ощущение контроля над окружающим миром появляется у нас в раннем детстве вследствие обычного детского эгоцентризма. Ребенок искренне уверен в том, что он является центром, как и в том, что все происходит исключительно в зависимости от его воли. Он как бы подспудно отказывает другим людям в возможности влиять на его жизнь. Со временем ребенок сталкивается с суровой реальностью жизни, в которой далеко не все зависит от его желаний, и убеждается в том, что устройство мира значительно сложнее, чем кажется на самом деле. В качестве реакции на этот негативный опыт многие люди находят самые разные способы, чтобы сохранять в себе иллюзии того, что они полностью контролируют жизнь.

Так, многие начинают придерживаться всевозможных ритуалов, суверий и примет, дабы обрести контроль над событиями будущего, хотя понятно, что по-настоящему контролировать будущее невозможно. Характерно, что наиболее склонны к суевериям люди, чей успех во многом зависит от случайности, например спортсмены. Так, в футболе каждый забитый гол всегда несет на себе отпечаток случайного стечения обстоятельств, несмотря на все мастерство игроков.

Другие начинают пытаться манипулировать или давить на людей, стремясь добиться желаемого. Некоторые представители достигают в этом такого успеха, что с такими друзьями, как они, и врагов не надо.

Самый простой же и прямолинейный способ сохранения контроля — это планирование своих действий и планомерное их осуществление. Когда это происходит успешно, то благодаря этому нехитрому способу люди «делают жизнь», добиваясь высоких результатов. Девиз таких людей: «Делай все правильно, и у тебя все получится». Но иногда люди фиксируются именно на самой правильности действий, а все остальное идет побоку. Таких людей, пытающихся контролировать мельчайшие проявления своей жизни, называют ананкастами, и в крайнем случае их поведение требует вмешательства специалиста.

Для того чтобы проверить, не склонны ли вы к ананкастическому поведению, задайте себе следующие вопросы:

1. Склонны ли вы составлять всевозможные перечни, инструкции и списки? Не отнимает ли у вас эта работа время в ущерб вашей основной работе?

2. Вам доводилось не завершать работу только потому, что у вас не получалось так хорошо, как вы это планировали?

3. Считаете ли вы, что работать нужно даже тогда, когда у вас есть достаточные деньги, просто потому, что отсутствие работы вызывает у вас дискомфорт?

4. Считают ли вас окружающие очень честным и ще-петильным человеком? Вы гордитесь своими незыб-лемыми принципами в вопросах морали?
5. Вам всегда кажется, что вы сделаете порученное дело лучше, чем тот человек, которому вы доверили свои полномочия?
6. Вы считаете, что нельзя тратить много денег, что их надо откладывать на черный день, потому что всегда может произойти нечто непредвиденное?

Чем больше ответов «да» вы дали на эти вопросы, тем более вы склонны к ананкастическому поведению, а значит, тем более склонны сталкиваться с проблемой всех ананкастиков. Она состоит в том, что, как ни крути, люди не могут полностью контролировать окружающий их мир и рано или поздно в программе наступает сбой, который невозможно предотвратить, сколько бы списков вы ни составляли и как бы старательно ни работали. В такой ситуации проявляется деструктивная сторона замечательного защитного механизма контроля: иррациональное чувство вины. Так, маленький ребенок разводящихся родителей часто считает, что папа (например) уходит из семьи потому, что он плохо себя вел.

Очень часто этот сбой провоцирует появление снов, в которых сновидец оказывается в ситуации, когда он не имеет никакого контроля за происходящим. И это, как правило, либо тяжелые муторные сны, либо вовсе кошмары.

В них могут варьироваться самые разные мотивы, например **мотив уничтожения привычного мира, вселенской катастрофы**.

Мир, говорят, сгорит в огне
Иль станет льдом.

Вкус страсти я познал вполне —
Пожалуй, мир сгорит в огне.
Но если дважды гибель ждет,
То ненависть познав сполна,
Я знаю, как смертелен лед —
Боюсь, зима
Нас всех убьет.

Р. Фрост

Однажды мне приснилось, что я иду по дороге апокалиптического мира. Знаете, как описывают в фантастике — сожженные деревья, иссушенная земля, ветер метет мусор, дорога разбита, и мне очень, очень неприятно. Тогда у меня как раз была в жизни тяжелая полоса — уволили с работы, и не потому, что я был таким плохим работником. Нет, кризис, сокращения... Надо было искать новую работу, а тут еще этот сон. Послевкусие мерзкое.

Разговор за бокалом коньяка

Самый отвратительный кошмар, который я помню, заключается в том, что мой родной город захватывают джунгли. Лианы ползут по стенам, залезают в окна, проламывают крыши. Все вокруг начинает зеленеть и растрескиваться. Джунгли буквально жрут город изнутри. Не знаю, почему мне это приснилось. Может, потому, что я тогда разводилась с мужем и, честно говоря, не знала, как мне жить дальше.

Подруга Аня
во время задушевного разговора

Сны о разрушении мира всегда снятся тогда, когда ваш реальный мир трещит по швам, и вы не знаете, что дальше делать. Вам предстоят в будущем важные перемены, но вы боитесь и не хотите принимать их.

Ведь ваш предыдущий жизненный план потерпел сокрушительное фиаско.

Подобного рода сны подают вам важный сигнал: вы должны примириться с тем, что произошло. Оплакать потери, убрать руины и построить на старом месте новый город, еще более прекрасный, чем прежде. Иначе вы будете продолжать испытывать сильные душевные мучения. Отпустите свое прошлое, и оно уйдет.

В снах на тему контроля также часто встречается **мотив насильственного управления**.

В таких снах сновидца похищают, ловят, связывают или волокут незнакомые люди или сущности, и он никак не может оказать сопротивление. Его заставляют делать то, что он делать не хочет.

На работе я вообще-то на хорошем счету, обычно всегда довожу до конца все начатые проекты. Но в этот раз все пошло наперекосяк — одна из сотрудниц уволилась и утащила вместе с собой всю клиентскую базу, вдобавок из-за ее ухода у нас «полетели» договоренности с рядом заказчиков, а разруливать все это пришлось мне. Кроме того, сменилось начальство — они меня не знают, я их тоже, поэтому мы никак не можем понять друг друга. В общем, мне приснился кошмар — я иду на работу, а по дороге на меня падает огромная птица, почему-то сова, и уносит вверх. Я кричу, пытаюсь отбиться от нее, но ничего не выходит. Я бью ее, бью — все без толку.

Татьяна, попутчица

Я вообще-то очень люблю танцевать. Но, как ни странно, мой самый страшный кошмар связан именно с танцами. Мне снится, что я нахожусь в клубе и зажигаю. Мне весело. Ко мне подваливает знакомиться классный парень. Мы начинаем танцевать, я подворачиваю ногу и хочу уйти, но он держит меня за ногу и не отпускает. И я должна все время двигаться. Я кричу ему: «Отпусти!», но он не отпускает.

Моя племянница

Еще один классический мотив снов на тему контроля — сны, использующие **мотив оцепенения**. В таких снах герой тем или иным способом обездвижен. Его могут связать, запереть в несущейся к пропасти машине, ему могут отказать ноги, главное — он не может убежать от преследующего его зла.

Мне снится, что я еду на такси в центр города. Мимо меня проносятся знакомые улицы, вроде бы ничего не происходит, но я чувствую непонятную тревогу. Вдруг за очередным перекрестком я вижу фигуру немолодой женщины и узнаю в ней свою мать, с которой у меня были очень сложные отношения. Я прошу таксиста остановить машину, но он, наоборот, прибавляет газу. Проносящиеся мимо улицы сливаются в одно темное пятно. Я знаю, что мы сейчас разобьемся, и хочу открыть дверь, но меня не слушаются руки. В ужасе я просыпаюсь.

Мне снится, что я лежу в своей кровати. Уже утро, и я слышу, как по комнате ходят мои домочадцы. Я хочу встать, чтобы идти завтракать, но мое тело словно оцепенело. Я даже крикнуть не могу! Я слышу, как они собираются и уходят на работу. Становится тихо, только слышно тиканье часов.

Мотив оцепенения или насильственного управления указывает на то, что в вашей жизни появилась какая-то область, которую вы никак не можете контролировать, и это вызывает у вас чувство страха. Вы ощущаете себя беспомощным перед лицом какой-то конкретной проблемы. Для того чтобы избавиться от таких сновидений, нужно в реальной жизни принять тот факт, что вы не можете контролировать все и вся. Просто примите все произошедшее в вашей жизни. Наша основная проблема заключается в том, что наше воспитание и культурные традиции требуют того, чтобы мы всегда и везде принимали меры и реагировали, то есть активно участвовали в изменении ситуации. В то время как иногда нужно пустить процесс на самотек и позволить жизни идти своим чередом. Замечательный пример такого полезного «ничегонеделанья» представляет собой Кутузов в изображении Льва Толстого, который вместо того, чтобы нервировать свою армию распоряжениями, полагался на «неуловимую силу», дух войны.

Еще резче по этому поводу выразился французский философ:

> Все несчастья человека происходят из его неспособности сидеть спокойно и ничего не делать.
>
> *Паскаль*

К слову сказать, племена, находящиеся на архаической стадии развития, прекрасно умеют укрощать тягу к самоконтролю. Так, австралийские аборигены считают, что мы впустую тратим жизнь, беспокоясь о том, чего мы достигли и не достигли. Они придерживаются убеждения, что все в этой жизни происходит по воле богов и сил природы (что в их понимании одно и то же), а значит, испытывать чувство вины за то, что все пошло не так, как задумывалось, глупо. Соответственно, они в значительно меньшей степени подвержены стрессам и кошмарам на тему контроля. Они считают бессмысленными состязания любого рода, а следовательно, и лишены переживаний по поводу возможного проигрыша. Справедливости ради хочу заметить, что нежелание соревноваться лишает этих людей и значимой конкуренции, что ведет к тому, что у представителей этих племен отсутствует стремление развиваться дальше.

Еще один важный момент, свидетельствующий о проблемах в зоне контроля, это **мотив разрушения контролируемой среды**.

Все дело в том, что у каждого из нас есть свои персональные признаки того, что мы контролируем ситуацию. Для кого-то это еженедельные обеды, собирающие за столом всю семью, для кого-то получение зарплаты в соответствующий день недели, а для кого-то нарушение идеального порядка в квартире. В снах, которые говорят нам о том, что у нас не все в порядке с зоной контроля, эти символы нашего благополучия намеренно уничтожаются или подвергаются осквернению.

Я всегда считал, что настоящий мужик и должен выглядеть как мужик, а не тряпка. То есть у него должны быть мускулы, а не вялый жирок. Я сам два раза в неделю хожу качать железо и еще раз в неделю наматываю километр в бассейне. Короче, держу форму. Но как что у меня идет наперекосяк, то я во сне вижу, как я стою перед зеркалом с таким животом, что даже ноги не могу разглядеть. А еще иногда вижу свои гантели сломанными. Это, конечно, смешно (кто же может сломать гантели?), но они реально валяются разломанными на куски.

Приятель,
с которым мы ходим в спортзал

Моя мать была редкостной неряхой — вечно все разбрасывала. Полы грязные, к столу буквально прилипаешь локтями. Ну и неудачница, само собой. Вечно ее со всех работ выгоняли — ни на одной не продержалась дольше полугода. Мужа тоже не нажила. Я, разумеется, в детстве еще поняла, что к чему, и старалась держаться тетки. Она у меня молодец — образование, машина, квартира (очень чистенькая, к слову). А насчет чистоты у меня вообще пунктик — пока не приберусь, не могу ничем другим заняться, даже в гости пойти. Так убиваюсь на уборке, что мне грязь даже порой во сне снится. Например, прихожу я домой, а там на полу огромная лужа. Я ее шваброй, а она ни в какую. Просыпаюсь злая на весь свет.

Пожилая соседка в санатории

Подобные сны еще важны тем, что они не только свидетельствуют о том, что вы отучились доверять жизни и потеряли контроль над ней, но и указывают на ту область жизни, значение которой вы преувеличиваете. Так, мой приятель по спортклубу определенно преувеличивает значение кубиков на прессе в жизни человека, а санаторская соседка — важность чистоты в доме. Оба этих «пунктика» потеряли в их глазах свое прикладное значение, а стали самодовлеющей ценностью. Это значит, что они страдают от заниженной самооценки. Для того чтобы нравиться, для того чтобы контролировать свою жизнь, им необходимы такие подтверждения успеха. При этом в самых глубинах души они сознают, что этой самореализации им недостаточно, но не отдают себе в этом отчета, когда бодрствуют.

ЕСЛИ ВАМ ДОСТАТОЧНО ЧАСТО СНИТСЯ, КАК КАКИЕ-ТО СИЛЫ РАЗРУШАЮТ ЗНАЧИМЫЕ ДЛЯ ВАС СФЕРЫ ЖИЗНИ, ЗАДАЙТЕ СЕБЕ ВОПРОС: А ТАК ЛИ ДЛЯ ВАС ВАЖНО ТО, ЧТО ОНИ РАЗРУШАЮТ? БЫТЬ МОЖЕТ, ВЫ СКЛОННЫ ЦЕПЛЯТЬСЯ ЗА ЭТУ СФЕРУ ТОЛЬКО ДЛЯ ТОГО, ЧТОБЫ НЕ ПРИЗНАВАТЬ СУЩЕСТВУЮЩЕГО ПОЛОЖЕНИЯ ДЕЛ?

Сны-преследования

Одним из наиболее распространенных типов сновидений являются сны, основным мотивом которых становятся всевозможные преследования и погони. Принципиально возможно два варианта: вас преследуют или вы преследуете.

В первом случае преследование или погоня означает, что у вас есть проблема, от которой вы все время отворачиваетесь в сознательной части вашей жизни. Вы изо всех сил не признаете ее существования или же не можете подобрать решения, а во сне она преследует вас, как взбесившийся паровоз.

Если же вы преследуете кого-то или что-то и никак не можете его догнать, то это значит, что вы поставили перед собой цель, которая по каким-то причинам очень важна для вас и которую вы никак не можете достигнуть. Как только вы узнаете, в чем она состоит, или же обретете искомое, из ваших снов исчезнет этот мотив.

Правда, существует еще один любопытный вариант снов-преследований — движение по кругу. В таких круговых снах вы всегда либо приходите на то место, с которого начали движение, или же бессмысленно повторяете свои действия, то есть просматриваете свой собственный вариант «дня сурка». Круговые сны, как и классические сны-погони, подают вам сигнал, что в своей обыденной жизни вы выбрали неправильную стратегию поведения, которая не дает вам продвигаться дальше.

Это связано с тем, что человек склонен придерживаться стереотипных действий, так как это существенно ускоряет процесс работы. Более того, взрослея, человек склонен складывать из этих стереотипов целую развернутую систему представлений о том, что он такое и что делает в этой жизни. Иногда их называют еще личной мифологией. Если по каким-то внешним причинам этот самый личный миф перестает соответствовать условиям жизни, окружающей человека, то он начинает испытывать чувство дискомфорта, которое и посылает ему сны-преследования.

Изменяем реальность с помощью снов

> Мы знаем, что маска бессознательного не жесткая, она отражает лицо, которое скрывает. Враждебность придает ей угрожающий вид, дружелюбие смягчает ее черты.
>
> *К. Юнг*

Как ни странно это звучит, не только реальность определяет наши сны — наши сны порой определяют нашу реальность. В предыдущей главе мы с вами познакомились с большим количеством снов, сигнализирующих о всевозможных проблемах, возникающих в нашей жизни. В нашей сознательной «дневной» жизни мы никак не можем подобрать к ним ключик, и потому они преследуют нас тягостными видениями. Однако при определенных усилиях мы можем справиться со многими сложностями нашей жизни, не выходя из сновидения.

ОЧЕНЬ МНОГИЕ ПРОБЛЕМЫ, КОТОРЫЕ НЕ НАХОДЯТ РЕШЕНИЯ ВО ВРЕМЯ БОДРСТВОВАНИЯ, МОЖНО РЕШИТЬ ВО ВРЕМЯ СНА. ДЛЯ ЭТОГО НУЖНО ПРОСТО ПОМЕНЯТЬ ТЕЧЕНИЕ СНОВИДЕНИЯ. ЭТО ПОДСОЗНАТЕЛЬНО ИСПРАВИТ ВАШУ НЕУДАЧНУЮ ЛИНИЮ ПОВЕДЕНИЯ, И ТОГДА В РЕАЛЬНОЙ ЖИЗНИ ВАМ БУДЕТ ПРОЩЕ ПРИНЯТЬ ПРАВИЛЬНОЕ РЕШЕНИЕ.

Высот в этом умении достигло племя сеноев, члены которого научились решать реальные проблемы... с помощью изменения поведения во сне.

Сенои — одна из коренных народностей Малайзии, находящаяся на более ранней ступени цивилизации, чем китайцы и малайцы. Живут преимущественно в горных деревнях. Каждая семейная община имеет свой отдельный дом. В основном вегетарианцы. Занимаются подсечно-огневым земледелием — расчищают с помощью орудий и огня поле и выращивают на нем рис, тапиоку и тыкву, пока земля не истощится, затем занимают соседний участок. Также промышляют охотой из духовых ружей и собирательством. Очень миролюбивы, несмотря на соседство воинственных племен. От агрессии последних их защищает приписываемая им особая магическая сила. В 1950-е гг. они привлекли внимание американских исследователей своим удивительным психическим здоровьем. Сеноям были совершенно незнакомы такие тяжелые психические состояния, как депрессия или невроз. Они производили впечатление чрезвычайно целостных личностей. Подобное душевное здоровье было объяснено учеными особенностями повседневной жизни сеноев — практикой проговаривания и коллективного обсуждения сновидений. Также сенои разработали достаточно целостную систему борьбы с ночными кошмарами.

Как они это делают? Американская исследовательница осознанных сновидений Патриция Гарфилд описывает такую сцену, свидетельницей которой она стала в одной сенойской семье.

Ребенок из племени сеноев говорит своим родителям за завтраком:

— Мне снилось этой ночью, что за мной гнался тигр.

После этого беседа может протекать следующим образом.

— И что же ты делал? — спрашивает отец.

— Я бежал так быстро, как только мог. Но тигр все приближался и приближался. Мои ноги не могли двигаться быстрее. Я проснулся и очень сильно испугался.

— Хорошо, сынок, что ты видел этот сон, но в нем ты допустил большую ошибку, — говорит отец. — Тигр, которого ты встречаешь в джунглях днем, может причинить тебе вред, и поэтому ты должен убежать от него. Но тигры, которых ты видишь во сне, могут причинить тебе вред лишь в том случае, когда ты убегаешь от них. Они будут преследовать тебя до тех пор, пока ты их боишься. Когда тебе в следующий раз приснится этот сон, повернись к тигру лицом. Если он нападет на тебя, ты должен будешь с ним сразиться.

— Но что мне делать, если он сильнее меня?

— Позови на помощь друзей, но сражайся сам до тех пор, пока они не придут. Всегда вступай в борьбу с существом, которое нападает на тебя. Понимаешь, никогда не убегай от опасности. Всегда пытайся противостоять ей.

П. Гарфилд

Итак, какие же выводы можно сделать из этого опыта?

1. Всегда рассказывайте о своих сновидениях близким людям. Тщательно проанализируйте все, что произошло с вами в сновидении (для этого, если помните, у нас есть чудесный бланк с записями сновидений).

2. Если произошедшие во сне события печалят вас, подумайте, что бы вы могли предпринять для того, чтобы изменить ход событий.

3. Твердо пообещайте себе, что, если вам еще раз приснится похожий сон, вы поступите именно так. Несколько раз в день повторяйте это про себя.

4. Если вам приснилась опасность, постарайтесь во сне встретить ее с уверенностью. Смело глядите ей в лицо. Задайте ей вопросы: «Что ты такое?», «Почему ты пришла ко мне?». Будьте готовы услышать ответ.

5. Будьте доброжелательны. Не грубите, не оскорбляйте, продолжайте улыбаться. Как говорится, «от улыбки станет всем светлей». Это не преувеличение. Очень часто мы переносим черты собственного неблагополучия на преследующее нас чудовище. Сделайте «алаверды» — перенесите на него собственное дружелюбие.

6. Если на вас все же напали, сражайтесь, как настоящий боец. Если вы можете убить своего врага, смело убивайте. Не бойтесь увечий или смерти — дело-то происходит во сне! Помните, что говорил сенойский папа своему сыну?
7. Зовите на помощь своих друзей. Очень часто мы испытываем чувство ложного одиночества, ошибочно полагая, что вокруг нас нет людей, которые могли бы прийти к нам на помощь. А это совсем не так! Боритесь с этим чувством во сне — и ваши друзья придут вам на помощь в реальной жизни.

ВЕЩИЕ СНЫ
(ИЛИ УРОК СЕДЬМОЙ)

> Есть шесть родов людей среди видящих сны — люди ветреного склада, или желчного, или флегматичного, люди, чьи сны посланы Богом, те, чьи сны порождаются их собственными наклонностями, и те, у которых сны пророческие. И из всех, о царь, лишь последние видят правдивые сны; все другие сны неправдивы.
>
> *Неизвестный индийский философ*

Когда речь заходит о толковании сновидений, то у всех без исключения людей особенный интерес вызывают пророческие сны. Еще бы, наперед знать свое будущее очень заманчиво. «О, если бы я знал, что со мной случится завтра, я бы ни за что не делал глупостей и всегда поступал правильно!» — думаем мы. Проблема, однако, в том, что мир устроен таким образом, что вкушать одни радости в нем невозможно и, избегая одной неприятности, мы обязательно попадем в другую. Судьба, Бог — называйте это как хотите — устроили дело таким образом, что каждому человеку на своем пути необходимо пережить определенные испытания для того, чтобы обрести себя.

ИМЕЙТЕ В ВИДУ, ЧТО СЛЕДОВАНИЕ ВЕЩИМ СНАМ, РОВНО КАК И ИХ ТОЛКОВАНИЕ, ЧРЕЗВЫЧАЙНО ОТВЕТСТВЕННАЯ ВЕЩЬ. ЕСЛИ ВЫ ДЕЙСТВУЕТЕ ПО ПОДСКАЗКЕ ВАШЕГО СНА,

ВЫ ДЕЛАЕТЕ КРУТОЙ ПОВОРОТ НА ПРОТОРЕННОЙ ДОРОГЕ СВОЕЙ СУДЬБЫ, НО КУДА ОН ПРИВЕДЕТ, НЕ ИЗВЕСТНО НИКОМУ ИЗ ЖИВУЩИХ НА ЗЕМЛЕ ЛЮДЕЙ.

С точки зрения своих предсказательных качеств все сны делятся на пять типов:

1. **Неинформативные сны.** В народе их еще называют «пустыми». В эту категорию попадают практически все сны, которые истолковываются буквально, особенно «профессиональные» сны и сны «здесь и сейчас».

2. **Сны-приметы.** В эту группу входят все сны, для понимания которых необходимо применять метод свободных ассоциаций. Они могут иметь пророческий характер (например, «больные» сны), а могут говорить сугубо о ваших психологических проблемах. Очевидно, что сбываются такие сны далеко не всегда. Как правило, в эту группу попадает большинство кошмаров.

3. **Сны-гадания**, чрезвычайно распространенные в народной культуре. Для того чтобы приснился такой сон, необходимо произвести определенные ритуальные действия: прочитать заговор или положить определенный предмет под подушку. Представляют собой один из типов программируемых снов или, как их еще называют, осознанных сновидений. Если запрос не прошел, то вы просто проспите без сновидений. Если все получилось, то сон, скорее всего, сбудется.

4. **Сны «картины будущего».** Такие сны снятся очень редко и отличаются тем, что вам будет в точности продемонстрирована картина будущего события в предельно реалистичной форме. Такие сны, как правило, сбываются в течение трех недель. Если

107

показанное вам во сне так и не произошло, то это пустой сон.

За десять дней до своего убийства американский президент Авраам Линкольн, отменивший рабство в Америке, увидел странный сон, о котором сделал запись в своем дневнике. Расскажу вкратце.

Ночью Линкольн услышал плач и голоса. Спустившись в один из залов Белого дома, он увидел толпу людей, столпившихся вокруг одного места в зале. Пробравшись сквозь толпу, он увидел в центре зала гроб, накрытый американским флагом.

— Кого хоронят? — спросил он рядом стоящего человека.

— Разве вы не знаете?! Президента убили, — ответил человек.

Утром он рассказал сон своей жене, но не получил никакого комментария.

К. Булкелей

5. **Сны-видения.** Самый редкий и самый загадочный тип снов. Эти сны снятся очень немногим людям и, как правило, в преддверии очень важных событий. Они всегда истинны, и их нужно обязательно истолковать. В таких снах часто источником знаний выступают высшие силы, которым вы склонны доверять (Иисус, Богородица, тотемные животные), или ваши умершие предки. Сообщаемые в таких снах сведения могут касаться грядущих исторических событий или важных событий в жизни сновидца. Таков, например, сон, приснившийся в 312 году императору Константину.

Накануне битвы у Мальвийского моста византийскому императору Константину приснился парящий в небе знак «константинова креста» в окружении солнечных лучей и надпись под ним: «Сим победиши». Действительно, на следующий день Константин выиграл битву. Более того, после этого дня он окончательно обратился к христианскому вероучению, тем самым кардинальным образом изменив историю Византии.

Иногда сны-видения сообщают информацию, позволяющую совершить важнейшее открытие. Типичный образец такого видения — это сон, приснившийся изобретателю армянской азбуки Месропу Маштоцу.

И видит он (Месроп Маштоц) не сон ночной и не видение наяву, но в бьющемся своем сердце открывшуюся очам души десницу, пишущую на камне. Камень же, подобно снегу, сохранял следы начертаний. И не только показалось это ему, но и во всех подробностях отложилось в уме Месропа, словно в каком-то сосуде. И воспряв от молитв, он создал наши письмена...

М. Хоренаци

Когда снятся вещие сны

Давно замечено, что пророческие сны снятся удивительно неравномерно. Даже те люди, которые склонны видеть вещие сны, наблюдают их по принципу «то пусто, то густо», то есть в одни периоды времени вещие сны снятся с завидной регулярностью, а в другие — никогда. За века наблюдений человечество вывело определенные хронологические закономерности.

Во-первых, вероятность появления вещих снов сильно увеличивается в определенные дни года. Так, в русской культуре традиционно считается, что самые верные сны снятся на Святки, то есть в промежуток времени между Рождеством (7 января) и Крещением (19 января). При этом надо помнить, что вторая половина Святок считается нечистой. В это время можно призвать к ответу и заставить делиться сокровенными знаниями нечистую силу — она не сможет отвертеться и обязательно даст правдивый ответ. Именно поэтому Святки — отличное время для снов-гаданий. Только не забудьте, что если вы просили помощи у нечистой силы, то в Крещение вы обязательно должны покаяться и омыться крещенской водой, ведь гадание, а особенно гадание с призыванием нечистой силы, — это большой грех в православии. Иное дело, если сон приснился вам сам по себе, а это очень может быть, поскольку именно в это время к нам возвращаются духи наших умерших предков. Иногда они во сне могут сообщить о каких-то важных событиях

Помимо святочных дней вещие сны часто снятся в ночь на пятницу, особенно женщинам. Объясняется это тем, что в это время по земле ходит св. Параскева Пятница, в образе которой слились представления о реальной православной святой и женском языческом божестве Макоши, покровительствующем женщинам, в особенности роженицам и рукодельницам. А гадание и тайное ведовское знание в русской традиции присуще прежде всего женщинам. Но среди всех пятниц есть 12 особенных дней в году, когда Параскева посылает особо важные сны — так называемые «великие пятницы».

1-я — в первую неделю Великого поста.
2-я — перед Благовещением (7 апреля).
3-я — на Вербной неделе.

4-я — перед Вознесением.

5-я — перед Троицыным днем.

6-я — перед рождеством Иоанна Предтечи (7 июня).

7-я — перед Ильей-пророком (2 августа).

8-я — перед Успением (28 августа).

9-я — перед архангелом Михаилом (19 сентября).

10-я — перед Кузьмою-Демьяном (14 ноября).

11-я — перед Рождеством Христовым (7 января).

12-я — перед Богоявлением (19 января).

Существует поверье, что если женщина соблюдает пятницы (то есть постится, молится, не занимается рукоделием и стиркой), то в ночь на шестую пятницу ей будет открыто знание о половине будущего, а после 12-й — обо всем будущем. Так это или не так, утверждать не берусь.

Кроме того, существует и определенное распределение вещих снов по дням недели.

С понедельника на вторник — пустые сны.

Со вторника на среду — сны сбываются.

Со среды на четверг — пустые сны.

С четверга на пятницу — сны сбываются (как правило, в течение трех лет, но могут сбыться и раньше).

С пятницы на субботу — пустые сны.

С субботы на воскресенье — сон может сбыться до обеда.

Кроме того, в воскресенье принято «заказывать» сны на будущую неделю. То есть если вы подумываете прибегнуть ко сну-гаданию, то лучше всего сделать это именно в воскресенье. Сны, приснившиеся в ночь с воскресенья на понедельник, считаются снами верными наполовину — сон может оказаться вещим, а может пустышкой. Как повезет.

111

Во-вторых, появление вещих снов, как и их значение, во многом зависит от дня солнечного и лунного календаря. Для вашего удобства я свела их в одну общую таблицу.

Число	Лунный календарь	Солнечный календарь
1	Приснившиеся сны должны истолковываться в положительном ключе и знаменуют добрые события	В основном сбываются сны, предсказывающие неприятности в семье
2	День пустых и ничего не значащих снов. Можно не усердствовать с толкованием	Сны быстро исполняются
3	День пустых и ничего не значащих снов. Можно не усердствовать с толкованием. Если сны и сбудутся, то очень не скоро	Сны не скоро сбываются
4	В четвертый день снятся благоприятные сны, которые сбудутся не скоро	К предупреждению снов о неприятностях лучше отнестись серьезно
5	Приснившееся в этот день сны имеют положительное значение для сновидца	Сны скоро сбываются
6	Сны этого дня необходимо сохранять в тайне, если вы хотите, чтобы они сбылись. Как правило, сны этого дня сбываются редко и не скоро	Сны часто бывают хорошими, радостными, освежающими и скоро сбываются
7	В этот день снятся сны доброго значения, но сбудутся они еще не скоро	Сны лжи и обмана
8	Сны знаменуют исполнение заветных желаний. Для того чтобы знать, какое желание исполнится, нужно истолковать сон	Сны удовольствия и забавы
9	Скорее всего, приснившийся сон сбудется. Он обещает успех в определенных делах	Часто сны неинтересны и пророческого значения не имеют

10	Сны сбудутся по ранней дорожке и обещают неудачу. Будьте осторожны в отношении своих замыслов	Сны обещают некоторые затруднения и сбываются в течение двух недель
11	Сны этого дня благоприятны и сбываются в течение недели	Сны обычно не исполняются
12	Сны скоро сбываются и обещают успех в начинаниях	Сны фантастичны, если сбываются, то не скоро
13	В этот день снятся либо пустые сны, либо сны, обещающие неприятность	Если сон знаменует любовные победы или интимные наслаждения, то сбывается в течение 15 дней
14	В этот день снятся сны, обещающие неприятности. Проявляйте осторожность	Сны исполняются точно и знаменуют добро
15	В этот день снятся благоприятные сны. Все привидевшееся сбудется в самом ближайшем будущем	Сны пустые и малозначимые
16	Приснившиеся в этот день сны пусты и бессмысленны. Не придавайте им особого значения	Сны вещие, быстро исполняются
17	Сны сбываются максимум через три недели и обещают успех и прибыток	Сны сбываются и скоро
18	Очень часто приснившиеся в этот день сны обещают прибыль и носят вещий характер	Сны часто добрые, исполняются
19	Сны часто сбываются, но, к сожалению, обещают семейные неприятности	Сны сбываются, но не скоро
20	Сновидения пустые или их нужно истолковывать в противоположном смысле	Сны счастливые, но исполняются, если о них никому не рассказывать
21	Сны, приснившиеся в этот день, сбудутся не скоро, но зато обещают получение подарков или улучшение материального положения	Сны исполняются

22	Сны могут сбываться, но, к сожалению, предвещают о возможных опасностях	Сны скоро сбываются, но, как правило, предвещают неприятности
23	Все приснившееся скоро сбудется	Сны не всегда сбываются
24	В этот день снятся радостные сны, они сбудутся в течение двух недель	Сны сбываются в течение 11 дней и предвещают радостные события
25	В этот день снятся лживые сны. Доверять им и полагаться на них опасно	Сны быстро и благополучно исполняются
26	В этот день снятся приятные, радостные сны, но полагаться на них не стоит. Это всего лишь обыкновенные сновидения	Сны обычно сбываются быстро
27	В этот день наиболее вероятны вещие сны. Проявите особенное внимание к их истолкованию	Сны не сбываются, если предсказывают плохое, но если хорошее — сбываются
28	Такой же, как и 27-й лунный день	Сны, как правило, не сбываются
29	В этот день снятся пустые и бесцветные сны. Они не имеют пророческого значения	Сны обычно пустые, но могут и сбываться
30	Сны, приснившиеся в этот день, имеют фантастический характер. Они, как правило, не сбываются	Сны исполняются в течение 20 дней
31	—	Сны часто предвещают обновки

Также было замечено, что чаще всего становятся вещими те сны, которые приснились в тот день лунного календаря, который находится под управлением того же знака зодиака, к которому принадлежит и человек, увидевший сон.

Лунный день	Знак зодиака
1	Овен
2	Овен
3	Овен и Телец
4	Телец
5	Телец и Близнецы
6	Близнецы
7	Близнецы
8	Близнецы и Рак
9	Рак
10	Рак
11	Лев
12	Лев
13	Лев и Дева
14	Дева
15	Дева
16	Весы
17	Весы
18	Весы и Скорпион
19	Скорпион
20	Скорпион и Стрелец
21	Стрелец
22	Стрелец
23	Стрелец и Козерог
24	Козерог
25	Козерог и Водолей
26	Водолей
27	Водолей
28	Водолей и Рыбы
29	Рыбы
30	Рыбы
31	—

Если же сновидец видит сон в лунный день, находящийся под управлением противоположного знака зодиака, то трактовать увиденный сон нужно в прямо противоположном смысле. Для того чтобы определить противопоставленный вам знак зодиака, отсчитайте пять знаков по зодиакальному кругу, начиная от своего, шестой знак и будет искомым. Например, знаку Овна противопоставлен знак Весов.

Как увидеть вещий сон

> Есть сновидения-пророчества: в видениях, являющихся спящему, порой содержатся некие знаки, призванные сообщить о будущем. Такие сновидения одновременно правдивы и неясны, и даже в их неясности пребывает истина.
>
> *С. Киренский*

Печальная истина состоит в том, что одни люди видят вещие сны, а другие нет. Как правило, чаще других пророческие сновидения наблюдают женщины и люди, которые от природы обладают определенной интуицией и воображением.

ЕСЛИ ВЫ ХОТИТЕ ВИДЕТЬ ВЕЩИЕ СНЫ, ТО РАЗВИВАЙТЕ У СЕБЯ ВООБРАЖЕНИЕ И ИНТУИЦИЮ.

Для этого ежедневно выполняйте несколько несложных упражнений.

Упражнения, направленные на развитие интуиции

1. Находясь в общественном месте, присмотритесь к окружающим вас незнакомым людям. Попробуйте представить себе их будущие действия. Не

стройте длинных логических цепочек: постарайтесь сделать это под влиянием импульса.

2. Если вас знакомят с новым человеком, попробуйте угадать его знак зодиака. Затем спросите подтверждения: если боитесь выглядеть чудаком, то просто поинтересуйтесь датой рождения вашего нового знакомого.

3. Обедая, наблюдайте за посетителями кафе. Постарайтесь предугадать их заказ.

4. Если в вашем доме потерялась какая-то вещь и у вас есть время на поиски, то закройте глаза и попробуйте себе представить место, где она находится. Не стройте логических цепочек, не рассуждайте: «Сначала я положил ее сюда, а потом я сделал это». Просто представьте место. Проверьте, не там ли находится ваша пропажа.

5. Если кто-то из ваших домочадцев или друзей находится вне поля вашего зрения, попробуйте представить, чем он занимается. Не забудьте потом расспросить его самого.

ДЛЯ ТОГО ЧТОБЫ ЧАЩЕ ВИДЕТЬ ПРОВИДЧЕСКИЕ СНЫ, РАЗВИВАЙТЕ В СЕБЕ ДАР ПРЕДСКАЗАТЕЛЯ. ДЛЯ ЭТОГО КАК МОЖНО ЧАЩЕ ЗАСТАВЛЯЙТЕ СЕБЯ ПРОГНОЗИРОВАТЬ ГРЯДУЩИЕ СОБЫТИЯ. ПРИ ЭТОМ СТАРАЙТЕСЬ ИЗБЕЖАТЬ РАЦИОНАЛЬНОГО ПОДХОДА — ОПИРАЙТЕСЬ НА СВОИ ЧУВСТВА И ЭМОЦИИ.

Как узнать и истолковать вещий сон

Но пророческий сон мало увидеть. Его еще надо научиться отделять от обычных снов и понимать, как истолковать. Иначе для вас он так и останется бессвязным сновидением ни о чем. Так как же определить, приснился вам пророческий сон или нет?

Уже известная нам шведская провидица Ева Хелл-стрем выделяет несколько критериев.

1. Вещие сны, как правило, снятся в определенные дни годового цикла или зависят от лунного или солнечного календаря.

2. Обычно вещие сны снятся под утро.

3. Вы легко можете вспомнить ваш сон во всех подробностях.

4. После пробуждения вы понимаете, что вам была послана существенная информация.

5. Ваш сон очень реалистический или, несмотря на символический характер, включает в себя такие детали, по которым легко в будущем будет опознать место действия или персонажа, фигурирующего в ваших снах.

6. Информацию вам сообщают умершие родственники или представители высших сил.

7. Вам приснилось какое-то общественно значимое событие, например катастрофа, имеющая реалистический характер.

8. Ваше сновидение рассказывает вам о вашем родственнике.

Соответственно, для того, чтобы истолковать сновидение, нужно его сначала записать во всех подробностях, как мы учились это делать во время первых уроков. Особое внимание нужно обратить на возникающие цифры, названия и прочие подсказки, имеющие конкретный характер. Если в вашем сне появилась какая-то особенность такого рода, попытайтесь определить, к чему она относится. Например, если во сне вы видите крушение поезда, то попробуйте вспомнить маршрут или хотя бы примерное время отправления. Если вы находитесь внутри состава, то такие детали обстановки, которые помогут вам опознать купе, в котором вы находитесь в том случае, если вас когда-нибудь занесет в такую страшную поездку. Если же вам не удается вспомнить никаких деталей, то, скорее всего, этот сон-катастрофа сообщает вам не о ожидающем вас событии, а о чем-то другом, например проблемах личной жизни.

> ПРЕЖДЕ ЧЕМ ИСТОЛКОВЫВАТЬ СОН КАК ВЕЩИЙ, ПОПРОБУЙТЕ РАСШИФРОВАТЬ ЕГО В БУКВАЛЬНОМ, ИНОСКАЗАТЕЛЬНОМ ИЛИ ПСИХОЛОГИЧЕСКОМ КЛЮЧЕ. ВПОЛНЕ ВОЗМОЖНО, ВЫ НАЙДЕТЕ СВОЕМУ СНОВИДЕНИЮ БОЛЕЕ ПРОСТОЕ ОБЪЯСНЕНИЕ.

В конечном счете, был ли сон пророческим или нет, определяют последующие события, поэтому никогда не пренебрегайте записью, полученной во сне информации, особенно если дело касается информации о какой-нибудь катастрофе. В противном случае, когда вы услышите о соответствующем событии и сообщите о своем прозрении окружающим, вас не обвинят в том, что вы пытаетесь привлечь к себе внимание самым недостойным образом. И да, сообщите обо всем увиденном вашим знакомым, быть может, как это ни высокопарно звучит, они посланы вам для того, чтобы истолковать ваш сон.

Кроме этого, понятное дело, очень важно прислушиваться к новостям: неоднократно бывали случаи, когда людям снились вещие сны, а они и не понимали, что они вещие, поскольку не знали о произошедших событиях. Так, в 60-х гг. XX в. один американский исследователь после взрыва на шахте, в которой погибло много людей, опросил жителей глубинки, практически не имеющих связи с «большой землей», не снилось ли им что-нибудь этакое. Выяснилось, что практически 30% жителей видели перед катастрофой странные сны, в которых фигурировали мотивы земли и катастрофы. Самое примечательное, что исследователь не задавал этим людям наводящих вопросов, а сами они истолковывали сны как «пустые».

НЕ ЗАБЫВАЙТЕ СЛЕДИТЬ ЗА НОВОСТЯМИ, ЗАЧАСТУЮ УЗНАТЬ О ТОМ, ЧТО ВАШ СОН ОКАЗАЛСЯ В РУКУ, МОЖНО ИМЕННО С ИХ ПОМОЩЬЮ.

14 апреля 1912 года одной молодой даме, проживающей в Соединенных Штатах, приснился страшный сон. Ей снилось будто ее мать находится то ли в лодке, то ли в шлюпке, окруженная кричащими от ужаса людьми. Вдалеке высоко вздыбилась в небо корма огромного судна, медленно уходящая под воду. Не стоит говорить, что женщина проснулась в слезах. Через несколько дней сон получил самое страшное объяснение: домой вернулась ее мать, пребывающая в шоковом состоянии. Оказалось, она не смогла отправить девушке сообщение, что неожиданно решила вернуться домой на злополучном «Титанике». Там, находясь в спасательной шлюпке, она думала о самом дорогом человеке, который у нее был — о дочери. Вероятно, она услышала телепатический призыв матери и увидела все происходящее ее глазами.

В том случае, если вам снятся символические сны, то их истолкование обычно не составляет особенных проблем, так как символы, встречающиеся в них, как правило, имеют общечеловеческое значение, а потому определяются, что называется, на раз-два-три.

Ты понимаешь, о том, что этот гад мне изменяет, я узнала значительно раньше, чем все всплыло наружу. Я находилась в деревне у родителей, когда мне приснился странный сон, будто бы я нахожусь у себя дома и занимаюсь домашними делами. Вдруг раздается звонок в дверь и на пороге возникает почтальон с посылкой. Я открываю ее и нахожу там, гм, детородный мужской орган, перевязанный ленточкой. Во сне я понимаю, что эта... деталь принадлежит мужу.

Я спрашиваю у почтальона:

— От кого посылка?

А он отвечат:

— Из дома 14, пятая парадная, второй этаж, квартира восемь.

Это можно было бы списать на женскую интуицию, которая подозревает и все такое прочее, да только та женщина, к которой он ушел, жила именно в четырнадцатом доме, на втором этаже, в квартире восемь. Я не была знакома с ней прежде и уж точно не знала, где она живет.

Моя давнишняя знакомая,
рассказывающая о разводе с мужем

Совершенно очевидно, что этот сон, что называется, в руку: во-первых, связь этой детали мужского организма с изменой не нуждается в особых объяснениях. Во-вторых, в этом сне мы видим четкие указания провидения на конкретные детали будущего события, в частности адрес дома, в котором живет разлучница.

Мне приснилось, что я иду по нашей улице. А навстречу мне моя соседка с двумя собаками — черной и белой. Обе собаки радостно бросаются ко мне и начинают крутиться вокруг моих ног. Вдруг одна из них — черная — срывается с поводка и несется прямо на дороге. Дикий скрежет, визг шин, и ее сбивает машина. Она умирает на месте. А теперь представь себе: назавтра я иду в магазин и встречаю свою соседку. А она не одна, а с моей давней школьной подружкой, которая много лет назад уехала в другой город. Так смешно оказалось, что она знакома с моей соседкой — ни я, ни она не знали об этом обстоятельстве. Вспомнили молодость: я ее стала расспрашивать о третьей нашей подружке, они с ней в один город распределились. Оказалось, что она буквально две недели назад погибла на улице — сбили на переходе. Теперь я понимаю, что сон был в руку: собака-то означает верного друга, а что одна черная, а другая белая, так это мне тоже понятно. Та подруженька, что погибла, была яркой брюнеткой в молодости, что твоя галка, — я ее такой и помню. А вторая, та что в наш город приехала, смолоду красилась в блондинку. Так что вот так, внученька, и такое бывает!

Моя бабушка

Иногда, впрочем, случается, что пророческие сны не только показывают нам будущие события, которые невозможно было предсказать заранее, но и подсказывают нам способ спасения.

Вот какой случай рассказала мне моя бабуля.

Во время войны я работала вместе с совершенно фантастической женщиной — она сумела выжить благодаря своему сну. Однажды ей приснилось, что она медленно летит сквозь облака на старом ковре, лежащем в ее комнате в общежитии. Когда она рассказала

этот сон в учительской, мы, как чрезвычайно образо-
ванные и потому считающие, что все знаем, женщины, решили, что это типичный сон про полеты. Мол,
втрескалась ты, Катерина, по уши и даже война тебе
нипочем, а она действительно была влюблена в одного моряка. Каково же было наше удивление, когда
через два дня она прибежала на работу с этим ков-
ром совершенно белая от ужаса. Оказалось, что ее
общежитие разбомбили, когда она находилась внутри.
В тот самый момент, когда началась бомбежка, она
выскочила на лестничную площадку и, вместо того
чтобы схватить заранее приготовленный чемоданчик
для бомбоубежища, цапнула первое, что попалось под
руку, — злополучный ковер, свернутый в трубку. Он
спас ей жизнь: она бежала вниз по лестнице, которая
обрушилась. Она бы обязательно погибла — четвер-
тый этаж в старом доме не шутка. Но ковер развер-
нулся у нее в руках, и женщина замечательно на нем
спланировала. Ни одного ушиба!

Так отчего же нам снятся вещие сны? Совершенно очевидно, что этот пласт истолкования сновидения имеет отношение к тем областям нашей психики, которая до сих пор представляет загадку для уче-
ных. Быть может, дело в том, что, как считал философ Вернадский, нашу планету оболочкой покрывает
ноосфера — особая психическая область, в которую
входит все, что когда-нибудь было, есть и будет известно человечеству, и иногда, в момент глубочайше-
го сна, мы можем подключаться к ней и неосознанно
черпать знание? Не знаю.

Или же прав пионер эры авиастроения Джон
Дунн, опубликовавший в 1927 году книгу «Мысли

о времени», в которой он утверждал, что вещие сны появляются потому, что мы видим то, что происходит прямо здесь и сейчас, в нашем настоящем времени, просто время сновидения и время бодрствования не совпадают. То есть мы, как в произведениях фантастов, можем существовать сразу в нескольких временны́х измерениях одновременно благодаря особому феномену психической дыры. Кстати, сам автор этой теории однажды тоже увидел чрезвычайно страшный вещий сон.

Джону Дунну приснилась еще не напечатанная газета, помеченная числом, которое еще не наступило. На первом листе сообщалось о страшном взрыве боеприпасов, произошедшем из-за извержения вулкана. Погибло около 4000 человек. Через некоторое время Дунн с испугом узнал о взрыве на Дальнем Востоке: там действительно из-за извержения вулкана взлетел на воздух склад с боеприпасами. Только, к сожалению, погибло значительно большее число человек — около 40 000.

Так, может быть, Джон Дунн прав, и мы, в самом деле, живем в нескольких измерениях одновременно?

> Идя по жизни с грузом кандалов,
> Мы забываем все основу из основ,
> Что сотканы из ткани наших снов,
> Из кружев мечт и бестолковых слов любви...
>
> *У. Шекспир*

ЗАКЛЮЧЕНИЕ
(УРОК ВОСЬМОЙ,
ОН ЖЕ ПОСЛЕДНИЙ)

> — Несносный мальчишка, — сказал пожилой джентельмен, энергично окликнув Джо, — он опять заснул!
>
> — Удивительный мальчик! — произнес мистер Пиквик.
>
> — Неужели он всегда так спит?
>
> — Спит! — подтвердил старый джентельмен. — Он всегда спит. Во сне исполняет приказания и храпит, прислуживая за столом. <...> Эй, Джо, Джо, убери посуду и откупорь еще одну бутылку, слышишь?
>
> Жирный парень привстал, открыл глаза, проглотил огромный кусок пирога, который жевал в тот момент, когда заснул, и не спеша исполнил приказание своего хозяина, сел и снова уснул.
>
> *Ч. Диккенс*

Думаю, мы с вами уже убедились, что наши сновидения — это важная часть нашей жизни. Они могут быть радостными и пугающими, веселыми и грустными, сообщать нам о психологических проблемах и болезнях и предупреждать об опасностях. Наконец, подсказывать нам решения проблем и спасать жизнь.

Каковы бы они ни были, мы можем обходиться с ними по-разному — старательно интерпретировать

125

каждый увиденный сон или пренебрегать ими, считая игрой воспаленного воображения.

Если вы спросите моего совета, то я думаю, что:

ВО ВСЯКОМ ДЕЛЕ САМОЕ ВАЖНОЕ — ЭТО СОБЛЮДЕНИЕ РАЗУМНОГО БАЛАНСА. ЕСЛИ ЖИЗНЬ, ПРОВИДЕНИЕ, ДУХИ ПРЕДКОВ — ДА КТО БЫ ТО НИ БЫЛО — ПОСЫЛАЮТ ВАМ ОТЧЕТЛИВОЕ И ПОНЯТНОЕ СООБЩЕНИЕ, ГЛУПО БЫЛО БЫ ИМ ПРЕНЕБРЕЧЬ. В ТО ЖЕ ВРЕМЯ ОРИЕНТИРОВАТЬСЯ ТОЛЬ-КО НА СНОВИДЕНИЯ ОПАСНО.

Опирающиеся на сведения, полученные в процессе сновидения, племена, находящиеся на ранней цивилизационной ступени (на которых иногда так любят ссылаться исследователи сновидения — и я не исключение), иногда еще называют примитивными. А знаете почему? Потому что они не сумели достичь всего того, чего достигли узколобые мы, привыкшие принимать решения, сообразуясь преимущественно с требованиями логики. В конечном итоге мы со своим рациональным мышлением влияем на жизнь этих племен в значительно большей степени, чем они на нас.

Итак, несмотря на всю важность сновидений, полагаться исключительно на них не стоит, как и бесконечно провоцировать у себя появление снов определенной тематики. Всегда существует опасность, что, заигравшись, мы утратим связь с реальной жизнью, предпочтя ей грезы наяву.

Чжуан-цзы однажды приснилось, что он стал бабочкой. Утром он был очень подавлен. Его друзья были удивлены таким состоянием Мастера и спросили его:

— Что случилось? Мы никогда не видели тебя таким подавленным.

Чжуан-цзы ответил:

— Я озадачен, я в растерянности, я не могу понять. Ночью, когда я спал, мне приснилось, что я стал бабочкой.

Один из друзей рассмеялся и сказал:

— Никого никогда не беспокоят сны. Когда ты просыпаешься, сон исчезает. Почему он тебя беспокоит?

— Дело не в этом, — ответил Чжуан-цзы. — Теперь я озадачен: если Чжуан-цзы во сне может стать бабочкой, то, возможно, сейчас бабочка уснула и ей снится, что она Чжуан-цзы.

Чжуан-цзы

От себя же хочу заметить, что если использовать сны по совету старого профессора, «отвернувшись, деликатно, вилочкой один кусочек», то они могут здорово помочь в обычной жизни. Я сама, после того как увидела серию своих «ясеневых» снов, взяла отпуск на работе и поехала на Север, поближе к норвежским фьордам. В дороге я читала много скандинавских саг и поняла, что их изучение мне намного интереснее, чем та работа с нерешительным начальником, от которой я так уставала. У меня все хорошо.

Так что напоследок я искренне желаю вам видеть как можно больше добрых и хороших снов, да таких, чтобы сбывались как можно скорее.

Издательство «Вектор»
http://www.vektorlit.ru

Тел.: (812) 406-97-60, 406-97-61, 406-97-62
Адрес для писем: 197022, СПб., а/я 6
E-mail: dom@vektorlit.ru

Тел./факс отдела продаж: (812) 320-97-37, 320-69-41, 320-69-78,
406-97-63, 406-97-64
E-mail: sale@vektorlit.ru, www.vektorlit.ru

ВЕКТОР-М — торговое представительство
издательства «Вектор» в Москве:
тел.: (495) 647-14-93, моб. тел.: +7 (926) 911-01-52;
e-mail: info@m-vektorlit.ru

ПРИГЛАШАЕМ К СОТРУДНИЧЕСТВУ АВТОРОВ!

*Присланные рукописи не возвращаются
и не рецензируются.*

**По вопросам размещения рекламы в книгах издательства «Вектор»
обращаться по тел.: (812) 406-97-60, 406-97-62, 406-97-63;
e-mail: reklama@vektorlit.ru**

Джудит Норман

ЧТЕНИЕ СНОВИДЕНИЙ

Главный редактор М. В. Смирнова
Ведущий редактор Е. С. Зверева
Художественный редактор Е. А. Орловская

Подписано в печать 24.10.2012.
Формат 84 × 108 $^1/_{32}$. Объем 5 печ. л. Печать офсетная.
Тираж 3500 экз. Заказ № 6605.

Налоговая льгота — общероссийский классификатор продукции
ОК-005-93, том 2 — 95 3000

Отпечатано по технологии CtP
в ИПК ООО «Ленинградское издательство».
194044, Санкт-Петербург, ул. Менделеевская, д. 9.
Тел./факс: (812) 495-56-10